DAVID RANGEL

Vuela
Copyright © 2017 por David Rangel
Todos los derechos reservados.

Prohibida la reproducción parcial o total de esta publicación sin la debida autorización por escrito del dueño de los derechos de esta obra.

Diseño de portada por Juan Betancourt Carvajal (John Dies)
Créditos de la fuente:
Have a Great Day by RolandHuse.com
Nexa by Fontfabric

Primera edición, Julio 2017

ISBN-13: 978-1974404162
ISBN-10: 1974404161

Impreso en los Estados Unidos de América

Las citas bíblicas usadas en esta publicación han sido tomadas de la versión Reina-Valera 1960.

Santa Biblia Nueva Versión Internacional (c) 1999 por la Sociedad Bíblica Internacional.

DEDICATORIA

Este libro está dedicado a todas aquellas personas que se han encontrado en el vuelo de la vida luchando y preguntándose, si acaso valdrá la pena esforzarse por algo mejor. Dedico este libro a esas personas que necesitan ser inspiradas en su vida; también a esos hombres o mujeres que han dejado de soñar debido a las circunstancias que han atravesado; y a aquellos que aun y cuando quieren iniciar un nuevo vuelo no se sienten preparados.

Dedico este libro a personas que tienen una comunión con Dios activa y asisten a una iglesia, así como a aquellas que quedaron decepcionadas de una congregación y por ende dejaron de tener comunión con Dios.

Dedico este libro también a cada una de esas personas que no se han rendido en el vuelo de la vida y aún continúan en él a pesar de tener el viento en su contra.

CONTENIDO

AGRADECIMIENTO   I

INTRODUCCIÓN   III

CAPÍTULO 1.	PREPÁRATE PARA VOLAR	1
CAPÍTULO 2.	¿QUIÉN ES TU GUÍA?	15
CAPÍTULO 3.	TIEMPO DE MOVERTE	25
CAPÍTULO 4.	RENUEVA TUS FUERZAS POR CARLOS RAMÍREZ	35
CAPÍTULO 5.	PELIGRO EN EL VUELO	44
CAPÍTULO 6.	NO DEJES DE VOLAR	56
CAPÍTULO 7.	¿Y SI QUIERO DEJAR EL VUELO?	69
CAPÍTULO 8.	¿DE QUÉ TE ALIMENTAS? POR KALEB RANGEL	78
CAPÍTULO 9.	ENCUENTRA TU PARVADA	87
CAPÍTULO 10.	DISFRUTA EL VUELO	97

CONCLUSIÓN   108

AGRADECIMIENTO

Sin lugar a duda, agradezco a Dios por todos estos años de ser mi compañero de vuelo.

Doy gracias a todas aquellas personas que han sido clave en mi vuelo hasta el día de hoy, entre ellas están las que han sido parte de mi vuelo ministerial y quienes con su apoyo, oración y consejo me han hecho crecer:

    Pastor Eduardo Vega
    Pastor Juan Zapata
    Rev. James Minor
    Rev. Edgar Bazan
    Rev. Cammy Gaston
    Rev. Clay Womack
    Rev. Dr. Gloria Fowler
    Rev. Shane Bishop

Doy gracias por la familia que Dios puso para guiarme y apoyarme en cada proyecto, sueño y meta:

    David Rangel Campos
    Elizabeth Ramírez
    Kaleb Rangel
    Sarai Kortyna

Agradezco a mi esposa Liliana Rangel e hija Emma Rangel, que pacientemente me permitieron tomar de su tiempo para dedicarme a escribir. Ustedes son una de mis inspiraciones en mi vuelo, las amo con todo mi corazón.

Y por último, doy gracias a cada líder y miembro(a) de la Iglesia Metodista Unida Casa Linda, sus historias, lealtad y apoyo; sin duda que ha sido parte importante en mi vuelo hasta el día de hoy.

INTRODUCCIÓN

Mi vuelo empezó de niño. Siempre deseé ser un futbolista profesional, pero a los 15 años, cuando era parte del grupo de jóvenes de la 5ta Iglesia del Nazareno de Monterrey, tomé la decisión de profesar a Jesucristo como mi salvador. Esa decisión cambio el rumbo de mi vuelo para siempre. A partir del siguiente año, me involucré como líder de jóvenes, limpiando el templo y en el servicio en todo cuanto podía, después de todo era un adolescente con mucha energía. A mis 22 años concluí el programa de Educación Musical. Estaba a punto de graduarme como Ingeniero Industrial en Administración, y a los 23 años tomé una decisión que traería un nuevo *momentum* a mi vuelo. Me integré a la Iglesia Metodista La Trinidad en Monterrey, México. Una de las iglesias metodistas más misionera y más fuertes en esos años, y en la actualidad, en el norte de México. En ella aproveché las diferentes capacitaciones y cursos que ofrecía y sentí que Dios me estaba capacitando para su servicio. En menos de seis meses me involucré en el grupo de alabanza, fui líder de un grupo pequeño y era parte del equipo de líderes de grupos pequeños. Un domingo de febrero del 2005, recibí por adelantado mi regalo de cumpleaños, un boleto de autobús para ir como parte del equipo misionero a la Iglesia Metodista Unida Casa Linda, para apoyar con trabajo evangelístico. Por primera vez, sentí lo que era trabajar tiempo completo para Dios, y me enamoré de eso. Regresé a Monterrey y el siguiente mes, recibí la invitación para trabajar con las Iglesias Metodistas Hispanas del área de Dallas, y posteriormente ser el director musical y de evangelismo de la Iglesia Metodista Unida Casa Linda. Antes de dejar mí México lindo y querido, oré, ayuné, y le dije a Dios que, si él me quería en Estados Unidos sería para hacer algo diferente en el ministerio hispano, al menos en Dallas. No tenía experiencia pastoral, pero esa oración fue clave en mi vuelo hacia los Estados Unidos. Cada año cuando era entrevistado por el Comité de Ordenación decía "Dios me trajo aquí para hacer algo diferente en la forma de hacer el ministerio hispano". En el 2010 me nombraron pastor asociado de la Iglesia Casa Linda, y junto al pastor principal de aquel tiempo, James Minor, hicimos un gran equipo. En el 2011 contraje matrimonio con Liliana Paola, y en enero del 2017 tuvimos nuestra primera hija Emma Olivia. Una etapa clave en mi vuelo ocurrió en julio del 2012, cuando me nombraron pastor principal de Casa Linda, y Dios llevó mi vuelo a lugares que nunca me imaginé llegar. Entre ellos, a ver cómo una iglesia que sólo proveía oportunidades en inglés se convirtió en una iglesia bilingüe y multicultural. Esto fue posible gracias al trabajo que James Minor y yo hicimos. Pero uno de los lugares que disfruté más, fue cuando la iglesia pasó de 55 personas (en el 2012) a más de 200 personas (en el 2017). Nunca imaginé que el programa de discipulado "Ruta 180", que creamos para Casa Linda, nos llevaría a ayudar muchas iglesias en el país. Tampoco imaginé que un edificio de 1951, que estaba a punto de cerrar y cayéndose, experimentaría una remodelación completa para convertirse en "La Nueva Casa Linda". Lo más nuevo, éste 2017 iniciamos con el Instituto de Liderazgo de 8 meses en español, el cual tiene una asistencia de más de 40 líderes metodistas y de otras iglesias. Actualmente, mi labor es preparar futuros pastores para iniciar iglesias hispanas en la Conferencia Norte de Texas. Casa Linda es la primera iglesia en la Conferencia Norte de Texas, que abrirá, en Julio del 2017, el primer campo en español y un segundo campo en el 2018. Sin duda, Dios me trajo a los Estados Unidos para hacer algo diferente en la manera de hacer ministerio hispano. Éste libro es una manera en la que quiero contarte de mí vuelo, motivarte a emprender el tuyo e invitarte a ser parte del de Casa Linda. El 100% de las ganancias del libro van destinadas a los ministerios de la Iglesia Metodista Unida Casa Linda, y a cumplir con nuestra visión de guiar gente a Jesucristo. Para más información visita www.casalinda.org.

Mi deseo es que cada página de este libro te inspire, te haga soñar, y haga crecer personalmente. En cada capítulo serás motivado a interactuar con el autor y a realizar ejercicios que harán que pongas en práctica lo leído.

Así que sin más por el momento… ¡Abróchate el cinturón y disfruta el vuelo!

David Rangel
Pastor Líder de la Iglesia Metodista Unida Casa Linda.

CAPÍTULO 1

Prepárate para

Las crías de patos al nacer inmediatamente no emprenden su vuelo. Aún y cuando las crías crecen rápidamente y pronto alcanzan el tamaño de la madre, son incapaces de volar. De hecho, el tiempo que le toca esperar a la cría desde que nace hasta su primer vuelo, es de dos meses. Durante esos meses, la cría se alimenta, se fortalece e incluso intenta volar en su misma área. Después de ese tiempo de "preparación", el pato emprende su vuelo en busca de su nueva casa.

ANTES DE EMPRENDER EL VUELO

Muchos de nosotros emprendemos nuestro propio vuelo sin considerar un tiempo de preparación. Entre menos preparados estemos, menos exitoso será nuestro vuelo. Piensa por un momento en aquel negocio que emprendiste, o aquella relación que iniciaste rápidamente. O que decir de esa posición que aceptaste

> Entre más preparados estemos, más exitoso será nuestro vuelo.

VUELA

impulsivamente en el trabajo o iglesia. El común denominador en éstos ejemplos, es que iniciamos sin una previa preparación. Prepararte para emprender el vuelo en cualquier área es crucial en lo que vendrá. El reto para muchos es que la preparación involucra tiempo y espera, y la mayoría de las veces, cuando emprendemos algo lo queremos hacer inmediatamente. Una muestra de esto es la comida, existen microondas o lugares de comida rápida para saciar esa necesidad. Vivimos en un tiempo en el que no queremos esperar y además lo que queremos, lo queremos ya. Tengo que iniciar este primer capítulo estableciendo algunos principios claves en la preparación de un vuelo. Aunque sea difícil de aceptar, estos principios tomarán tiempo, no puedo compartirlos, pedirte que los metas en el microondas y esperar que estés listo para emprender el vuelo. Sin embargo, sé que si los consideras y les das el tiempo adecuado te ayudarán a estar más preparado para emprender cualquier vuelo en la vida. Entonces, primero lo primero. Antes de emprender el vuelo toma tiempo para prepararte en identificar la visión, crear tu mapa de vuelo, realizar una auto-reflexión, y hacer la famosa lista de pendientes y lista de cosas por dejar.

CREA TU MAPA DE VUELO

Antes de emprender el vuelo en cualquier área de tu vida, *define* la visión. ¿En dónde te ves en 3, 5 o 10 años? Esta pregunta involucra verte en el área profesional, el área espiritual, familiar, sentimental, etc. Por supuesto, algo que no puedes evitar es pedirle a Dios que te revele donde te ve él en 3, 5, o 10 años. Si incluyes a Dios, y pides que te

PREPÁRATE PARA VOLAR

confirme la visión será mucho mejor. Definir la visión, ocurre cuando piensas en un área específica y sientes una carga por algo específico. Para explicarlo mejor, déjame decirte la frase que digo cuando predico, y que leerás en los próximos capítulos... ¡Confession time! ¡Aquí voy con mí confesión! Cuando tenía 26 años, mi visión en el área profesional fue, a mis 30 años estar realizando mi maestría y a los 40 mi doctorado. Con la ayuda de Dios y de mis seres queridos e iglesia, en mayo de 2017 me gradué de la Maestria de Divininades en Perkins School of Theology de SMU, y en enero de 2018 iniciaré mi Doctorado en Ministerio en la misma universidad. En el área familiar mi visión fue disfrutar el tiempo con mi esposa por los primeros años de casados, y después tener hijos. La verdad es que viajamos mucho y en el primer mes del sexto año de casados nació nuestra primera hija. Mientras tanto, en el área ministerial, lo que traía carga a mi corazón era crear un Sistema de Desarrollo de Pastores para Iglesias Hispanas en la Conferencia Norte de Texas de la Iglesia Metodista Unida. Después de 5 años de haber definido ésta visión, tuvimos al primer pastor bajo entrenamiento, esto fue en el 2015 y en el 2016 tuvimos a la primera pastora, y ambos están por iniciar una iglesia nueva en el 2017 y 2018. El primer paso antes de emprender el vuelo es definir la visión.

Si tienes en mente lo que quieres lograr en la vida y a dónde quieres llegar, prepárate identificando cómo llegarás a la primera escala. No necesariamente llegarás a tu destino inmediatamente y solo(a). Quizá te ha sucedido, que tú y tu familia deciden ir de vacaciones a otra estado. Juntos deciden que para recortar costos tendrán que manejar,

VUELA

pero te das cuenta que el otro estado está a 12 o 18 horas de distancia. Tú sabes tu destino, estás consiente que necesitas hacer al menos una escala y quizá que alguien más tome el volante. Digo esto porque cuando hablamos de ir hacia a la visión, muchas veces necesitarás hacer escala, recargarte de energía, tomar impulso y seguir. En el pasado muchas veces decidí emprender algo y cuando lo hice, lo empecé a toda velocidad y sin hacer escalas. Claro, llegaba el momento en el que ya no podía más y tenía que parar debido a la carencia de pasión, y fuerzas. Además de considerar hacer escala, tienes que saber que habrá desviaciones en tu viaje, pero no te frustres y no te des por vencido. Cuando usas tu GPS y sales del camino, el GPS inmediatamente te dice que está recalculando. En cuestión de segundos el GPS busca una vía alterna o como regresarte al camino. Si sientes que lo que estás haciendo se te está saliendo de las manos, o que estás perdido, lo mejor es parar, hacer escala y regresar al camino. Como me encantaría decirte que llegarás de un día a otro a esa visión y sin complicaciones, pero… no siempre es así.

Una práctica que he adoptado desde mis principios como pastor es estar de acuerdo que no siempre sabré cómo llegar a mi destino, a mi visión. Por supuesto que me preparo para llegar a él, pero sé que necesito de otras personas u otros recursos que me guíen a ese lugar. Esto tiene que ver mucho con la humildad, si no soy humilde para reconocer que no lo sé todo, difícilmente podré pedir ayuda a otros o recibir instrucción de otras fuentes. Si lo hacemos cuando manejamos distancias largas, ¿cómo no hacerlo cuando se trata de nuestra visión? En el tiempo de preparación considera a esas personas, libros, talleres, o

PREPÁRATE PARA VOLAR

cualquier recurso que te sirva como mapa para llegar a donde te has trazado llegar, a tu visión. Entonces, todo lo que haces en el presente tiene que ver con la visión, y en donde te ves en los próximos años. Si tu visión es que en 5 años tu vida espiritual esté firme, entonces debes buscar actividades, libros, reuniones, y aun personas que te ayuden a llegar ahí. Recuerda, no llegarás ahí de un domingo a otro o solo porque decides emprender un ayuno tipo Moisés de 40 días. Por lo tanto, aprende a ir de escala en escala, pero siempre avanzado hasta ver tu visión cumplida.

AUTO-REFLEXIÓN POR CADA VUELO

Mientras te encuentras volando hacia tu visión, considera en algún punto del vuelo hacer una auto-reflexión. En esa auto-reflexión medita en cosas relevantes sobre lo que te esté sucediendo, sobre cómo mejorar ciertas áreas y celebra tus fortalezas. Si no tienes una visión específica en la vida, al menos intenta ésta práctica. Te darás cuenta que en algún momento de tu vuelo será de gran ayuda que hagas una auto-reflexión. Personalmente la hago una vez por mes. Tengas o no tengas una visión específica en tu vida, antes de hacerla busca un lugar en donde no haya tantas distracciones y en donde puedas meditar y responder las siguientes preguntas. Te sugiero que definas una libreta o archivo en tu computadora para guardar tus repuestas. Es fabuloso ir a los meses pasados y ver tu crecimiento.

Sin más por el momento, toma tiempo ahora, y realiza la siguiente auto-reflexión:

VUELA

1) ¿Estoy usando mi tiempo sabiamente? ¿Cómo y/o en qué?
2) ¿Qué tan fuerte es mi pasión?
3) ¿Me preocupo por mi familia? ¿Cómo lo demuestro?
4) ¿De qué maneras me esfuerzo para seguir creciendo?
5) ¿Cómo estoy invirtiendo en relaciones interpersonales?
6) ¿Cómo estoy avanzando en mi visión y/o logrando mis metas?
7) ¿Cuáles fueron las alegrías?
8) ¿Cuáles fueron mis preocupaciones?
9) ¿Cuál es la lección de vida?
10) ¿Cómo Dios habló a mi vida?
11) ¿Qué cosas tengo que mejorar?
12) ¿Cuáles son mis fortalezas?

LISTA DE PENDIENTES Y LISTA DE COSAS POR DEJAR

Varios autores han escrito sobre la importancia de hacer una lista de pendientes, mientras que otros prefieren hacer una lista de cosas por dejar. He descubierto en todos éstos años que tener una lista de pendientes y una lista de cosas por dejar, son clave en nuestro vuelo. La lista de pendientes es una lista en la que escribimos las cosas que tenemos que hacer priorizando cada una de ellas. Dentro de esa lista puedes crear categorías como pendientes de trabajo, de ministerio, de familia, y de proyectos personales o metas. Una lista larga será estresante y traerá ansiedad a tu vida, por lo que sugiero que la cantidad de pendientes que incluyas en ella, sea moderada. Tengo la práctica de hacer una lista de pendientes y me ha servido para ser

PREPÁRATE PARA VOLAR

responsable ante ciertas cosas que puedo olvidar o dejar a la deriva. Por otro lado, cuando tenemos una lista de pendientes, tenemos que crear una lista de cosas por dejar. En esa lista escribimos las cosas que queremos parar de hacer, porque no son benéficas ni para nosotros, ni para otros. Cada uno de nosotros tenemos que dejar de hacer ciertas cosas, si queremos seguir en este vuelo. Por ejemplo, algunos nos quejamos mucho y tenemos que dejar eso, otros tenemos que dejar de juzgarnos, de juzgar a otros, de comer comida rápida, de ser impulsivos, ásperos al hablar, groseros, u orgullosos. La lista podría seguir, pero tú sabes qué cosas tienes que dejar para ser una mejor persona en pleno vuelo. Ambas listas las puedes actualizar conforme a tus necesidades y el medio puede ir desde notitas hasta un diario o aun usando una aplicación en tu celular. En mi caso, uso una aplicación en mi celular y actualizo la lista de pendientes semanalmente y la lista de cosas por dejar, la evalúo una vez al mes.

> No vueles antes de tiempo, más bien, usa tu tiempo no para volar, sino para prepararte en definir la visión, establecer metas y lo que necesitas para llegar a ella.

CONSEJO

"Todo tiene su tiempo, y todo lo que se quiere debajo del cielo tiene su hora. ²Tiempo de nacer, y tiempo de morir; tiempo de plantar, y tiempo de arrancar lo plantado" (Eclesiastés 3:1-2). ¡Qué gran consejo encontramos en este

VUELA

libro! Hay tiempo para volar tras la visión, pero también tiempo para prepararnos antes de volar hacia ella. No vueles antes de tiempo, más bien, usa tu tiempo no para volar, sino para prepararte en definir la visión, establecer metas y lo que necesitas para llegar a ella. Es aquí en este tiempo que Dios es parte vital del proceso y te muestra cómo crear el "mapa" hacia tu visión.

Una parte importante del vuelo, como lo mencionaba, es la auto-reflexión. El salmista dijo: "...Meditad en vuestro corazón estándo en vuestra cama, y callad" (Salmo 4:4). Cuán importante es para nuestro crecimiento tomar el tiempo para meditar en nosotros. Mi sugerencia al hacer la auto-reflexión es, que busques aislarte y escoger un lugar en donde no haya distracciones. Es ahí en donde, no sólo te haces las preguntas que te ofrecí en este capítulo, sino que también meditas en la lista de pendientes y la lista de cosas por dejar.

Lucas dijo "[28] Porque ¿quién de vosotros, queriendo edificar una torre, no se sienta primero y calcula los gastos, a ver si tiene lo que necesita para acabarla? [29] No sea que después que haya puesto el cimiento, y no pueda acabarla, todos los que lo vean comiencen a hacer burla de él, [30] diciendo: Este hombre comenzó a edificar, y no pudo acabar" (Lucas 14:28-30). Toma el tiempo para calcular todo lo que se necesite para el vuelo en tu viaje hacia la visión. No dejes nada fuera, pues entre más calcules tu vuelo, más preparado estarás para llegar a tu destino, tu visión.

PREPÁRATE PARA VOLAR

INSPÍRATE... SUEÑA... PREPÁRATE

Antes de pasar al siguiente capítulo, toma tiempo para orar y pedir a Dios que te guíe mientras estás en la tarea de definir la visión. Después de esto, manos a la obra. Escríbela en el cuadro siguiente y crea tu propio mapa incluyendo todo lo que necesites, posteriormente define tu lista de pendientes y la lista de cosas por dejar, y por supuesto, también toma tiempo para hacer tu autorreflexión.

VUELA

Ejemplo:

> **ESPIRITUAL**
> Lo que quiero lograr es:
> _Crecer espiritualmente en dos años_
> Lo que haré será:
> _Tomar cursos de Biblia, asistir cada semana a la iglesia, tener un tiempo de oración diario_

ESPIRITUAL
Lo que quiero lograr es:

Lo que haré será:

EDUCACIONAL
Lo que quiero lograr es:

Lo que haré será:

FINANCIERA
Lo que quiero lograr es:

Lo que haré será:

LABORAL
Lo que quiero lograr es:

Lo que haré será:

VISION 5 AÑOS

SALUD
Lo que quiero lograr es:

Lo que haré será:

FAMILIA
Lo que quiero lograr es:

Lo que haré será:

SOCIAL/SENTIMENTAL
Lo que quiero lograr es:

Lo que haré será:

OTROS
Lo que quiero lograr es:

Lo que haré será:

PREPÁRATE PARA VOLAR

Lista de pendientes del ____ (día) al ____ (día) de _____ (mes):

- _____

- _____

- _____

- _____

Lista de cosas por dejar en el mes de _____:

- _____

- _____

- _____

AUTO-REFLEXIÓN:

1) ¿Estoy usando mi tiempo sabiamente? ¿Cómo y/o en qué?

_____

_____

_____

VUELA

2) ¿Qué tan fuerte es mi pasión?

_____

_____

_____

3) ¿Me preocupo por mi familia? ¿Cómo lo demuestro?

_____

_____

_____

4) ¿De qué maneras me esfuerzo para seguir creciendo?

_____

_____

_____

5) ¿Cómo estoy invirtiendo en relaciones interpersonales?

_____

_____

_____

PREPÁRATE PARA VOLAR

6) ¿Cómo estoy avanzando en mi visión y/o logrando mis metas?

_____
_____
_____

7) ¿Cuáles fueron las alegrías?

_____
_____
_____

8) ¿Cuáles fueron mis preocupaciones?

_____
_____
_____

9) ¿Cuál es la lección de vida?

_____
_____
_____

VUELA

10) ¿Cómo Dios habló a mi vida?

_____

_____

_____

11) ¿Qué cosas tengo que mejorar?

_____

_____

_____

12) ¿Cuáles son mis fortalezas?

_____

_____

_____

CAPÍTULO 2

¿Quién es tu *guía*?

Posiblemente has mirado al cielo y has visto cuando los patos vuelan en V. Bueno, te darás cuenta que siempre hay un pato líder al frente. El resto de la parvada depende de la guía de aquel que va adelante. Los patos siempre necesitan un guía que tenga el panorama amplio para guiar a los que vienen atrás. En ocasiones ese guía es más viejo y experimentado. Los patos saben que para llegar a su destino tienen que seguir al pato líder que va guiando al resto de la parvada.

BUSCA ESE GUÍA

Es tan importante tener en la vida ese guía, y para no limitar éste término en nuestro contexto, ese guía puede ser un mentor, un coach o un líder. No todos podemos pagar un coach, pero si podemos encontrar a un mentor o líder que nos haga crecer. La realidad es que todos necesitamos a una persona que nos ubique, oriente,

> No todos podemos pagar un coach, pero si podemos encontrar a un mentor o líder que nos haga crecer.

VUELA

corrija, ayude e impulse en la vida. Hoy más que nunca vivimos en una era de resultados, lo vemos en el trabajo, escuela, hogar, y aún en la iglesia. Además, vivimos en un tiempo en el que establecer metas se está convirtiendo en parte de nosotros. Ésta realidad me ha llevado a descubrir dos tipos de personas: 1) La que tiene en las venas la capacidad de dar resultados y de establecer metas. A menudo, ésta persona no necesita de un guía para llegar ahí, pero siempre está abierta a recibir guianza de alguien más. 2) La persona a la que se le dificulta dar resultados y crear metas. Si ésta persona está abierta a ser guiada por alguien más, puede llegar a ser alguien que de resultados y alcance sus metas. Como ves, seas la persona 1 o 2, tener un guía siempre es bueno. Ahora, no necesariamente ese guía tiene que ser mayor que tú, o de tu misma mentalidad o gustos, pero si más experimentado y sabio que tú y con mas logros. Por lo general, esa persona es alguien que ya ha recorrido ese camino antes, por lo tanto, sabe lo que necesitarías. Mi punto en este capítulo es que tomes el reto de buscar ese guía en tu vida y descubras como su ayuda será de beneficio en tu vuelo. Entonces, trata de encontrarlo, aprende de él o ella y que su relación te lleve a dar resultados, a establecer metas, y a crecer como individuo.

¡Llegó el confession time!
 Existen guías temporales y de por vida. En mi caso un guía temporal fue James Minor. En mis primeros años como pastor él fue clave en mi pastorado. Claro que era necesario para mi hacer a un lado mis pendientes y tomar tiempo para sentarme con él, para hablar sobre las cosas

¿QUIÉN ES TU GUÍA?

que tenía que considerar. En varias ocasiones me pregunté a mí mismo si sería necesario pasar tiempo con él, pero después de esos minutos salía más desafiado y orientado. Sin duda su estilo era muy diferente al mío, su idioma no era el mismo que el mío, y aún su formación era completamente diferente a la mía, pero eso no significaba que no me serviría. Otra persona importante en mi misterio fue Shane Bishop, sus logros como uno de los pastores más exitosos en la Iglesia Metodista Unida en los Estados Unidos me ayudó a aprender mucho de él. Él no sólo se enfocó en la parte del crecimiento ministerial y congregacional, sino en la parte espiritual del líder. Clay Womack fue mi pastor mentor del 2009 al 2017, durante mi proceso de ordenación. Durante todos esos años el pastor Clay tomó el tiempo para aconsejarme y llamarme la atención de manera gratuita, y también para ubicarme en el tiempo que le doy al ministerio y familia. Me faltarían dedos para contar las personas que han sido una guía en mi vida, como mis padres David Rangel y Elizabeth de Rangel, colegas en el pastorado, amigos, familiares y aún jefes de trabajo.

ROMPE TU BARRERA

Culturalmente crecí en una sociedad y cultura que creía que no era necesario un guía, mentor, o coach. Inclusive ir a ver a un consejero era decirle al mundo que uno estaba loco, o que estaba metido en problemas. La sociedad en la que viví no veía bien recibir ayuda de alguien más. Hoy las cosas son diferentes, lo que significa qué para tener ese guía, algunos de nosotros, primero tendremos que romper

VUELA

con la barrera que nos impide hacerlo. ¿Cuál es tu barrera? Quizá esa barrera tiene que ver con el conformismo, piensas que estas bien, que no necesitas superarte en la vida y que esa posición en la que estas será para ti por el resto de tu vida. Otros dirán que es el miedo, digo esto porque conozco personas que por miedo a entrar a un compromiso más con un coach o mentor, se quedaron donde mismo. Quizá para ti es la falta de determinación, tienes el deseo de encontrar un guía, pero desafortunadamente te quedas con el deseo. La lista puede seguir incluyendo prepotencia, soberbia, cansancio, o aún la edad. Les decía que estoy muy activo en coaching y además en consejería y mentoría, en cada una de esas prácticas veo como la gente no sólo escucha el consejo o instrucción, sino que además rompe con sus barreras para venir a cada sesión. Éstas personas no solo tuvieron que romper esa barrera para recibir la ayuda, sino que en cada sesión tienen que volver a hacerlo. Como ves, tienes que romper con tu barrera para poder buscar un guía, pero también una vez que lo encuentres tendrás que seguir rompiendo con barreras en cada sesión.

SI QUIERES CRECER, NECESITAS UN GUÍA

Todo inicia con la autoevaluación, es ahí donde tienes que ser sincero sobre las áreas que necesites trabajar y mejorar. Lo mencioné en el capítulo anterior, quizá es en el área espiritual, laboral, educacional, o personal que tengas que trabajar. Algunos necesitamos de otra persona que nos motive a tomar pasos pequeños, pero que a la larga

¿QUIÉN ES TU GUÍA?

marquen una diferencia en la persona que nos estamos convirtiendo. A los pocos años entendí éste concepto, soy guiado por alguien para entonces guiar a otros.

Actualmente, no sólo estoy siendo guiado por mi coach, sino que soy coach y mentor de otros. Mensualmente hablo con mi coach, pero también cada semana paso mucho tiempo guiando al personal de Casa Linda y proveyendo coaching a ellos(as). Si crees que el coaching no ayuda, personalmente te puedo decir, que la gente que he guiado ha crecido grandemente en las áreas en las que los he orientado. En la Biblia aparecen suficientes pasajes sobre la importancia del coaching y el mentoreo. ¿Qué hubiera sido de Timoteo sin Pablo, de Josué sin Moisés, de Eliseo sin Elías o de los discípulos sin la guianza de Jesucristo? ¿En qué se hubieran convertido estos personajes sin la ayuda de ese guía? Lo emocionante de ésto es que uno nunca sabrá la persona que puede llegar a ser gracias a los consejos del guía, hasta que decide entrar en el proceso. Si quieres llegar lejos necesitas un guía, entonces haz una evaluación, rompe la barrera que no te permite considerar a uno y muévete a encontrarlo.

> Algunos necesitamos de otra persona que nos motive a tomar pasos pequeños, pero que a la larga marquen una diferencia en la persona que nos estamos convirtiendo.

VUELA

EL INGREDIENTE ES LA HUMILDAD

Un aspecto importante a considerar cuando se trata de seguir el consejo del guía es la humildad. El propósito del guía es ayudarte con sus palabras y con su escucha. Actualmente Casa Linda está siendo un campo de entrenamiento para futuros pastores de nuevas iglesias. Una de las cosas que considero en la búsqueda de futuros pastores, es que el candidato sea humilde, acepte críticas constructivas y no las tome como algo personal. Proverbios 11:2 dice que la humildad trae la sabiduría. Ser humilde te llevará a reconocer y aceptar lo que se te está diciendo. Ve la humildad como algo que es necesario en tu vuelo. Tristemente, he oído de gente que aún cuando encontró un coach, mentor o consejero, no resultó como lo esperaba. La razón no necesariamente fue porque el guía no era bueno, sino porque faltó humildad en la persona que estaba recibiendo ayuda. En mi experiencia el hecho de recibir consejo no significa que lo tomarás, la humildad es necesaria para aceptar el consejo y llevarlo a cabo. No a muchos nos gusta reconocer que tenemos que mejorar o que tenemos que recibir un consejo, pero las palabras del guía son claves en lo que podemos lograr en esta vía. Sin duda que hay cosas que son necesarias en el vuelo y una de ellas es la humildad. Parece algo tan sencillo pero que a veces nos cuesta mucho.

CONSEJO

Pudiéramos pensar que la función de un guía, ya sea coach, mentor o consejero es nuevo, sin embargo, ésta posición ya existía desde los tiempos del Antiguo Testamento. En

¿QUIÉN ES TU GUÍA?

Proverbios 11:14 encontramos lo siguiente: "Sin dirección la nación fracasa; el éxito depende de los muchos consejeros (NVI)". Históricamente los reyes tenían consejeros y éstos les ayudaban en las decisiones que ellos tenían que tomar. En el Antiguo Testamento, el consejero era un asesor confidencial, y un asesor, era alguien experto en un área particular. Es de sabios tener uno en nuestra vida ya que nos ayudará con su experiencia en lo que hemos de hacer. En Éxodo 18 encontramos a Jetro siendo un guía para Moisés. Lo que Jetro hizo fue verse con Moisés, tomó tiempo para ver lo que Moisés hacía, oyó de sus logros y dificultades y le dio técnicas para mejorar su labor. Precisamente eso es lo que hace un guía, coach, consejero o mentor. Todos necesitamos alguien que se siente con nosotros, a quien contarle cómo nos va, y de quien recibamos guianza.

Proverbios 27:17 dice: "El hierro se afila con el hierro, y el hombre en el trato con el hombre (NVI)". La palabra *trato* significa afilar, en otras palabras, uno con uno se afila, se prepara, y eso nos hace mejores personas. Una de las maneras que Dios obra en nuestra vida es a través de las relaciones con otras personas. En este caso, Dios obra por medio del consejo de un guía, y de esta manera nos convierte en una mejor persona.

Efesios 4:11-12 dice: "Él mismo constituyó a unos, apóstoles; a otros, profetas; a otros, evangelistas; y a otros, pastores y maestros, a fin de capacitar al pueblo de Dios para la obra de servicio, para edificar el cuerpo de Cristo". La palabra *capacitar* significa perfeccionar o preparar. Esto quiere decir que hay personas usadas por Dios para

VUELA

perfeccionarnos o prepararnos en esta vida. Si Dios las pone en nuestro vuelo, ¿cómo no considerarlas?

INSPÍRATE... SUEÑA... PREPÁRATE

Reflexiona sobre quién se ha vuelto tu guía, coach, mentor o consejero en todos estos años. Luego, toma unos minutos para darte cuenta de lo que ellos han hecho en tu vida. Cómo te han enriquecido y de qué manera te han ayudado a ser la persona que eres. Después, haz una lista con sus nombres y escribe las cualidades o cosas que has aprendido de ellos.

Mi guía me ayudó o está ayudando a:

_____

_____

_____

_____

Nombre de guía #1: _____

Cualidades del guía #1:
- _____
- _____
- _____

¿QUIÉN ES TU GUÍA?

Cosas que aprendí de mi guía #1:

- _____
- _____
- _____

Nombre de guía #2: _____

Cualidades del guía #2:

- _____
- _____
- _____

Cosas que aprendí de mi guía #2:

- _____
- _____
- _____

VUELA

Si aún no has escogido a ese guía entonces identifícalo de entre tus conocidos, puede ser de la escuela, trabajo, iglesia, familia y/o amigos y comprométete con Dios para pasar tiempo con él o ella intencionalmente.

CAPÍTULO 3

Tiempo de *moverte*

Es muy interesante la capacidad que los patos tienen para saber cuándo el verano se acerca. Pues tan pronto el verano se acerca, los patos se mueven de lugar. Cuando se trata de emigrar a otro lugar los patos pueden volar de entre 60 a 1,200 metros en el aire y son capaces de alcanzar grandes alturas. En una ocasión un avión que volaba en Nevada a una altitud de 21,000 pies tuvo la compañía de un pato Mallard. Cuando es tiempo de moverse de lugar, los patos llegan a alcanzar grandes alturas. Fue en los primeros años de haber comprado nuestra casa que una pareja de patos llegó al jardín trasero, pero cuando entraba el invierno dejábamos de verlos. Los patos en lugar que quedarse atrapados en el invierno sabén que tienen que migran a otro lugar.

ATRAPADOS, PERO DISCERNIENDO

En ocasiones nos encontramos atrapados en un lugar específico en nuestra vida, que por más que quisiéramos movernos, por diversas razones, no lo hacemos. He hablado con personas, y en mis conversaciones con ellas me dicen: "quisiera cambiar de trabajo, pero tengo miedo

VUELA

de irme"; "me gustaría tener el valor de darle otra oportunidad al amor, pero tengo miedo que se repita la historia de mi última relación"; "he tratado de responder al llamado de Dios o al propósito que Dios tiene para mi vida, pero estoy cómodo donde estoy". Estos comentarios me dicen que no estás contento en el lugar en donde estás, ¿será entonces tiempo de moverte de ese lugar sentimental, laboral, o ministerial en el que estas atrapado, y emprender el vuelo hacia otro? Al referirme a "lugar" en este capítulo no estoy hablando de algo geográfico, sino de esa etapa, círculo, o situación en la que estás. Por eso, si no estás desarrollándote o disfrutando la vida que Dios tiene para ti, te estás quedando atrapado. No quiero que pienses que estoy promoviendo que seas un nómada en cuanto al trabajo, relaciones, ciudad, iglesia o tu llamado. Moverte de un trabajo a otro, andar de iglesia en iglesia, o de relación en relación, obviamente no es bueno. A lo mejor has conocido a personas que no se establecen en nada, llevan un par de meses en un lugar y se cambian a otro. Inician una relación o un nuevo trabajo en otra ciudad, en otra iglesia y de repente se van. No puedes tomar la decisión de cambiarte de lugar si llevas apenas un mes ahí. Una vez que estés establecido y haya pasado un tiempo, entonces evalúas. Si no estás satisfecho, considera un tiempo de discernimiento, es decir, un tiempo en donde decidirás moverte a otro lugar o quedarte. Si en el lugar en donde estás hay inseguridad, incomodidad, carencia de crecimiento, no hay empatía, no existe sentido de pertenencia de tu parte ni de la otra; ó si cuando piensas en ese lugar en el que estás, se te revuelve el estómago y te agarras la cabeza...entonces es necesario que tengas un

TIEMPO DE MOVERTE

tiempo de discernimiento y reflexión. Sentir que estás atrapado no es nada agradable, porque además de la angustia que produce el no poder avanzar, está la culpa por querer dejar ese lugar definitivamente. Si te sientes atrapado, antes de tomar la decisión de "emigrar", toma la decisión de entrar en un tiempo de discernimiento y reflexión. El discernimiento es la capacidad de juzgar algo, de diferenciar algo de otro. Por eso, cuando tomas un tiempo de discernimiento estás tomando un tiempo para juzgar la situación y diferenciar entre lo bueno y lo malo del lugar en el que estás. Reflexiona cuidadosamente en los pros y los contras antes de tomar la decisión de cambiar de rumbo. Es normal que en esta etapa te sientas confundido, frustrado y agotado emocional y mentalmente. ¡Estas juzgando y reflexionando entre el lugar donde estás y tu futuro! Prefiero mil veces estar atrapado y discerniendo, que estar atrapado y tomar decisiones sin pensar. Todos nos llegamos a sentir atrapados, pero lo que hagamos en ese tiempo y cómo lo manejemos determinará la continuidad del vuelo.

> Prefiero mil veces estar atrapado y discerniendo, que estar atrapado y tomar decisiones sin pensar.

TIEMPO DE MOVERTE

En el tiempo de discernimiento y reflexión descubrirás una de dos cosas: 1) Tendrás la paz y seguridad de quedarte donde estás, pues en ocasiones son crisis por las que pasas

VUELA

y no es necesario moverte. 2) Sentirás la paz y seguridad de moverte. Rut fue una mujer a quién se le murió su esposo y no tenía nada en la ciudad de Moab más que a su suegra Noemí. A ésta también se le había muerto su esposo, pero como era originaria de Belén decidió dejar Moab para ir a su lugar de nacimiento. Una mujer que quedaba viuda en aquellos tiempos era una mujer desprotegida y olvidada. La cultura hebrea antigua hacía del hombre el proveedor y protector para la familia. Rut aún siendo originaria de Moab, decidió dejar su hogar e ir a Belén a iniciar un nuevo capítulo en su vida. Fue en Belén que Dios restauró la vida de Rut y le dio a su futuro esposo, Booz. Interesantemente, su unión con Booz fue parte de la línea generacional que trajo a Jesucristo al mundo. Cuando te mueves bajo la dirección de Dios y por su voluntad, lo que viene será de bendición. ¿Quién iba a pensar que Rut seria parte de la línea generacional de Jesucristo? ¿Quién pensaría que se convertiría en la bisabuela del famoso rey David? Todo eso sucedió, cuando ella decidió moverse a otro lugar.

Hablando de amores... ¡confession time!
Antes de venir a los Estados Unidos en el 2005, aparentemente mi relación estaba definida. Llevaba casi 4 años de novio, estaba comprometido, y mis planes eran vivir en Dallas unos meses y posteriormente trasladarme a Canadá en donde estaría viviendo con mi futura esposa. Repentinamente, la relación terminó en el 2006 y de una manera saludable y respetuosa cada uno tomó su propio vuelo. Aún cuando mi relación concluyó sanamente, mi corazón quedó atrapado durante ese año. Pensar en

TIEMPO DE MOVERTE

enamorarme otra vez era algo que no quería. Me encontraba atrapado en mi propio lugar sentimental. Recuerdo que mi primera cita en el 2007 con Liliana Paola, quien es mi esposa y a quien amo enormemente, se tornó en un desahogo. Si, aunque usted no lo crea, le conté mi historia a ella pues estaba todavía triste. La verdad en ese momento no quería iniciar una relación más que de amistad. Ella fue muy paciente, escuchó y entendió mi situación. Después de esa cita comenzamos a salir, y llegó el momento en el que la relación tenía que pasar a otro lugar sentimental, esto es el noviazgo. Me armé de valor y fe, supe que Dios no me quería ver infeliz, y así iniciamos en el 2010 nuestra relación de noviazgo que luego nos llevó al matrimonio. Han sido años maravillosos, al decidir salir de ese lugar sentimental lo que vino fue bendición a lado de ella.

> Cuando es tiempo de moverte y Dios está de tu lado en esa decisión, lo que vendrá será de bendición para tu vida.

Si Dios te da luz verde, no te quedes en el mismo lugar pues quizás como en el caso de Rut, Dios tendrá a la persona correcta esperándote. Ahora, no todo tiene que ver con el amor, pero si con la dicha de sentirte feliz y bendecido por haber salido de donde estabas atrapado.

Cuando Dios está de acuerdo con que salgas de ese lugar, tu estado emocional cambiará. El lugar a donde llegarás será un lugar de bendición y plenitud. Quizá después de esa decisión, encontrarás el trabajo que estabas esperando, la ciudad en donde te establecerás, la iglesia en donde te

VUELA

desarrollarás y servirás. Cuando es tiempo de moverte y Dios está de tu lado en esa decisión, lo que vendrá será de bendición para tu vida. Entonces, si ya discerniste y Dios te dio la luz verde ¿por qué no moverte?

MOVERTE NO SERÁ FÁCIL

Si vives o has vivido en los Estados Unidos estarás de acuerdo conmigo que es muy común mudarse de departamento. Cómo olvidar esos años en donde la emoción de vivir en un nuevo lugar, contrasta con la realidad de mover cada objeto del antiguo departamento al nuevo. Los que me conocen saben que estoy lejos de ser un Arnold Schwarzenegger en sus tiempos de fisiculturista. Aún así, cuando mi hermano Kaleb y yo adquirimos nuestro primer departamento en Dallas, TX, tuvimos que llevar con mucho trabajo, del estacionamiento al 3er piso, el único sofá que teníamos, por cierto pesaba más que Kaleb y yo juntos. Créanme que no extraño para nada esas mudanzas, pero la gran lección que aprendí es que en cada cambio hay incomodidades y no siempre es fácil.

En Génesis 12 Dios le pidió a Abram salir de Ur a una tierra mejor, pero lo que Abram encontró fue dificultad. No me puedo imaginar a Abram caminando hacia la tierra prometida sin GPS, creo que debió haber sido confuso. A muchos nos ha tocado salir de nuestra ciudad y país para venir a los Estados Unidos. Algunos dicen que lo hicieron para alcanzar el sueño americano, pero lo que han descubierto es que el sueño americano se convirtió en una pesadilla. Fue en el 2004 que me encontré ante una encrucijada, quedarme a trabajar en mi México lindo y

TIEMPO DE MOVERTE

querido como ingeniero, o continuar como maestro de música en uno de los colegios de más prestigio en Monterrey, o ir a los Estados Unidos como ministro de música y evangelismo. Después de un tiempo de discernimiento, sentí la aprobación de Dios y me vine a Dallas, TX. La verdad pensé que no me costaría mucho, pero ¡vaya me costó mudarme! Créanme, podría escribir otro libro con las experiencias de cada mudanza que me ha tocado vivir. Después de tantas dificultades, momentos incómodos, luchas, pruebas, finalmente llegó el día de disfrutar haberme mudado de lugar.

¡Claro que es bueno cambiar de lugar si Dios así lo desea! Sin embargo, considera que el cambio no siempre será fácil. El cambio lleva consigo incomodidad, temor, dificultad e inseguridad, pero vale la pena. Posiblemente haz discernido que es tiempo de moverte e independizarte, crear tu propio negocio, empresa, organización o ministerio, pero estás inseguro y temeroso de hacerlo. Te comprendo, es una decisión difícil, pero si Dios abrió la puerta, ¿qué vas a hacer? ¿Te vas a quedar en el mismo lugar o te llenarás de fe y valor y entrarás?

Te compartía al principio sobre los patos de mi jardín trasero, ellos no se quedan en el invierno. Si el lugar en el que estás, no te ayuda o acerca a cumplir tus metas, o no te ayuda a desarrollarte como persona y a disfrutar la vida, entonces muévete porque el invierno te está alcanzando. Aprende a moverte al lugar que te acerque a cumplir tus metas, al lugar que te ayude a crecer, pero sobre todo al lugar que Dios tiene para ti. Siempre hay un lugar mejor que te está esperando; no tienes que quedarte donde estás por el resto de tu vida. Si te sientes insatisfecho o

VUELA

incompleto, nunca es tarde para cambiar el vuelo. Entra en un tiempo de discernimiento y después llénate de valor y haz un cambio de vuelo a pesar de las dificultades que enfrentes. No tienes por qué quedarte atrapado.

CONSEJO

Algunas veces Dios permitirá que experimentemos el estar "atrapados" como parte de su plan. "Y luego que Faraón dejó ir al pueblo, Dios no los llevó por el camino de la tierra de los filisteos, que estaba cerca; porque dijo Dios: Para que no se arrepienta el pueblo cuando vea la guerra, y se vuelva a Egipto. Mas hizo Dios que el pueblo rodease por el camino del desierto del Mar Rojo." (Éxodo 13:17-18). Asombrosamente, después de estar "atrapados" apareció por primera vez una columna de nube y fuego para guiar al pueblo a su siguiente lugar. Por eso decía al principio, antes de moverte discierne, pues en ocasiones Dios te tiene ahí por una razón, pero si él te quiere sacar usará cualquier medio para moverte de ahí, al nuevo lugar.

La Escritura habla del tiempo como algo que es parte de la vida. El capítulo 3 de Eclesiastés inicia diciendo: "Todo tiene su tiempo, y todo lo que se quiere debajo del cielo tiene su hora" (Eclesiastés 3:1). Moverte a otro lugar, muchas veces, está en función del tiempo. Hay etapas en nuestras vidas, en las que por algunos meses o años nos quedamos atrapados, pero ahora es tiempo de movernos a otro lugar. Recuerda que, aún cuando pases por pruebas en el nuevo lugar o en tu proceso al nuevo lugar, Dios está ahí. "Cuando pases por las aguas, yo estaré contigo; y si por los ríos, no te anegarán. Cuando pases por el fuego, no

TIEMPO DE MOVERTE

te quemarás, ni la llama arderá en ti" (Isaías 43:2). No olvides que moverte es hacer la voluntad de Dios, considera pues las palabras del apóstol Pablo cuando dijo que la voluntad de Dios es buena, agradable y perfecta. De ésta manera, cuando estés discerniendo el tiempo de moverte a otro lugar, esperara alguna de estas tres cosas.

INSPÍRATE... SUEÑA... PREPÁRATE

Usa las siguientes preguntas como guía en tu proceso de discernimiento y reflexión:

a. ¿En qué área de mi vida necesito un cambio?

_____
_____
_____
_____

b. ¿Qué días u horario usaré para estar orando con el fin de discernir la voluntad de Dios?

_____
_____
_____
_____

VUELA

c. ¿Cuál será el pasaje de la Biblia que usaré para mantenerme fuerte en este tiempo de discernimiento y cambio al nuevo lugar?

_____

_____

_____

Después de meditar en las preguntas anteriores, toma unos momentos para orar y pedirle a Dios que te dé la sabiduría para entender su voluntad y sus tiempos.

CAPÍTULO 4

Renueva tus **fuerzas**

Por Juan Carlos Ramírez

Los viajes que los patos realizan, en muchas ocasiones no son cortos, al contrario, son vuelos que pueden durar hasta ocho semanas. Por supuesto, mientras más actividad tiene un pato más descanso debe tener, porque necesitan renovar sus fuerzas. Sin descanso el pato no sólo corre riesgo de agotamiento, lo cual puede ser una tragedia cuando está viajando, sino que, en el peor de los casos el no descansar, puede disminuir la sensibilidad de sus sentidos lo que puede llegar a ser un gran riesgo. Los patos necesitan que sus sentidos estén funcionando al 100% para volar, para escapar de sus predadores e incluso de los cazadores. Estudios dicen, que un pato puede volar en ocho horas hasta 800 millas, pero tiene que alimentarse y descansar de entre tres a siete días, para reponer la energía gastada durante cada viaje de ocho horas. Todo lo anterior sin contar el tiempo y el esfuerzo que invierte en trabajar mientras no está volando, por ejemplo, construir un nido después de un largo viaje. Por cierto, es interesante que los patos sólo descansan y construyen sus nidos en lugares donde ya habían estado antes. De cualquier manera, los patos saben que forzosamente necesitan un tiempo de

VUELA

descanso para renovar sus fuerzas, si quieren retomar el vuelo.

DESCANSA PARA SEGUIR EL VUELO

Recuerdo hace un tiempo cuando apenas era un adolescente, la iglesia en la que asistía necesitaba mucho apoyo. Era una iglesia con mucha gente, pero como no tenía un lugar fijo dónde reunirse, rentaba diferentes localidades por algún tiempo, y cuando se vencía el contrato de la renta se buscaba otra localidad para empezar de nuevo. ¿Alguna vez te has mudado o al menos te has cambiado de oficina? ¡Oh Dios mío! Es un trabajo pesado. Se oye fácil pero no es muy sencillo, es algo que agota física, emocional y en ocasiones hasta mentalmente. Ahora, imagina el trabajo que tiene una iglesia que se cambia de localidad, es diez veces más agotador. Recuerdo que la última ocasión que nos cambiamos, la mayoría de la gente apoyó en la mudanza y por supuesto ahí estaba yo. Fue la última vez, porque finalmente se había comprado un lugar fijo. Siempre tuve la iniciativa de servir en el lugar en el que estuviera, a cualquier persona que llegara a necesitar mi ayuda, y en ésta ocasión no fue la excepción. El momento de la mudanza fue pesado, pero no tanto como lo que sucedió después. Resulta que el lugar que compró la iglesia fue una escuela y el servicio de los domingos se realizaba en la cancha de basquetbol. Por lo tanto, teníamos que sacar los instrumentos, las bocinas, la consola, los micrófonos, cables, todo el sonido a la cancha cada sábado, y guardar todo después del servicio. ¿Puedes imaginar el trabajo que era hacer esto cada semana? Ahora,

RENUEVA TUS FUERZAS

yo era el baterista y creo que me puedes entender cuando te digo que era un trabajo cansado. Aunque siempre lo hacía con mucha energía y con una buena actitud, era agotador, porque tenía que estudiar y en algunas ocasiones trabajar. De manera que llegó un día en el que simplemente me enfermé. Mi cuerpo ya no pudo más con el ritmo que estaba llevando y cuando fui al doctor me preguntó si tenía un día de descanso. Obviamente no lo tenía, así que recuerdo que muy serio me dijo: "joven usted se enfermó porque, aunque usted quería seguir con el mismo ritmo de vida, su cuerpo ya no pudo más, necesitaba un descanso. Así que, su medicina es reposar." Esa fue la prescripción médica, guardar reposo.

Vivimos en una sociedad que nos ha vendido la idea de que, para lograr nuestras metas, sueños, propósitos, etc. Se tiene que trabajar duro y sin descanso; sin embargo, ese ritmo de vida, lo único que provoca, es que terminemos como yo, en el doctor. Ahora no me malinterpretes, no te estoy diciendo que no te esfuerces por cumplir tus metas, algunas veces habrá momentos donde no tendrás tiempo de estudiar para tu examen, o preparar tu nuevo proyecto más que en la noche, en tu tiempo de descanso. Pero no creo que ese sea el problema, el problema viene cuando trabajar en exceso se convierte en un hábito, en otras palabras, cuando cambiamos el descanso por la actividad. Tiene lógica, ¿no crees? Si no descansamos, ¿de dónde vamos a sacar la energía que necesitamos para continuar? Los patos tienen esto muy claro, ellos saben que mientras más difícil y largo es el viaje, más tienen que descansar. El descanso no es negociable, es irremplazable para renovar las fuerzas que necesitamos para continuar en el vuelo de

VUELA

la vida, y no sólo eso, sino que se convierte en algo vital cuando entendemos que, mientras más avancemos en la vida más demandante será cuidarnos, más responsabilidades llegarán y más tendremos que trabajar para lograr nuestros objetivos.

> El descanso no es negociable, es irremplazable para renovar las fuerzas que necesitamos para continuar en el vuelo de la vida, y no sólo eso, sino que se convierte en algo vital cuando entendemos que, mientras más avancemos en la vida más demandante será cuidarnos.

RENUÉVATE A TRAVÉS DE LA ORACIÓN

Cuando hablamos de descanso, no nos referimos sólo al descanso físico. ¿Sabías que cada ser humano tiene espíritu, alma y cuerpo? Esto puede parecer complicado, pero realmente es sencillo de explicar. El espíritu es el área de nuestro ser que se conecta con Dios. El alma es el área de nuestro ser en donde están nuestras emociones, sentimientos y voluntad. El cuerpo, pues mucho más sencillo, es donde están los brazos, piernas, lo exterior de nosotros. Lo interesante es que cada una de estas áreas se activan cuando estamos realizando una acción, y aún más interesante, es que se relacionan una con la otra. Por

RENUEVA TUS FUERZAS

ejemplo, cuando un estudiante está presentando un examen y no tiene ni idea de lo que está escrito en el papel se siente frustrado (alma), tiene sueño por haber estudiado la noche anterior (cuerpo) y como no tiene ni idea de lo que está escrito en el papel y está frustrado, le pide ayuda a Dios para poder atinarle a las respuestas (espíritu), es broma, pero sí al menos se encomienda a Dios. ¿Lo puedes notar? Cada una de éstas áreas se relacionan entre sí. Lo mismo sucede cuando estamos cansados. No solamente es necesario que renovemos nuestras fuerzas físicas, también es necesario que tengamos un descanso emocional y por consecuencia, un descanso espiritual para poder restaurar nuestro ánimo, nuestra energía y nuestro vigor. Quizá te preguntes, "si no tengo tiempo para dormir, ¿cómo voy a tener tiempo para descansar cada área de mi ser?" Debes saber que, aunque existen muchas maneras para tomar un descanso, hay una, que en lo particular pienso que es la mejor, en la que puede descansar tu espíritu, tu alma y tu cuerpo al mismo tiempo, y que puede hacerte sentir renovado: la oración. Orar es hablar con Dios, no es necesario hablar algo específico, obligatorio o usar palabras que normalmente no dices. Con Dios puedes hablar de lo que quieras, puedes desahogarte, platicarle cómo estuvo tu día, o simplemente estar en silencio con él. Agradecer por un nuevo día, por tu familia o por cualquier cosa. Ahora, quiero explicarte porqué digo que mediante la oración puede descansar tu cuerpo, tu espíritu y tu alma. Cuando estoy con Dios, a través de la oración mi cuerpo descansa, porque no estoy haciendo ninguna actividad física. Incluso en ocasiones, puedes escoger una posición cómoda que te inspire descanso; mi alma también

VUELA

descansa, porque con él dejo mis frustraciones, mis preocupaciones, mis miedos, y demás. Por supuesto, mi espíritu también descansa, porque está conectado con Dios. Créeme si te animas a orar cada día te vas a sentir renovado. Lo puedes hacer por la mañana, por la tarde o aún por la noche, y si a esto le agregas dormir de siete a ocho horas te vas a sentir renovado para continuar en el vuelo de la vida.

CONSEJO

"Al llegar el séptimo día, Dios descansó porque había terminado la obra que había emprendido. Dios bendijo el séptimo día, y lo santificó, porque en ese día descansó de toda su obra creadora." (Génesis 2:2-3 NVI) En la historia de la creación que se narra en el libro de Génesis encontramos que Dios mismo tomó un día para descansar. Ahora, ¿no crees que sea un poco ilógico que Dios haya necesitado descansar para renovar sus fuerzas? ¿No crees que más bien quiso mostrar lo necesario que es el descanso? Desde el principio de todo Dios estableció que el descanso era vital, porque él sabía que necesitaríamos renovar nuestras fuerzas. Más adelante encontramos en Éxodo 20:9-10 (NVI) "Trabaja seis días, y haz en ellos todo lo que tengas que hacer, pero el día

RENUEVA TUS FUERZAS

séptimo será un día de reposo para honrar al SEÑOR tu Dios. No hagas en ese día ningún trabajo…". Moisés era el líder del pueblo de Israel cuando les dio éstas instrucciones, pero ahora se añade en la Escritura la frase "para honrar al Señor". Esto no quiere decir que Dios haya cambiado de opinión, más bien, parece que el pueblo tomaba éste día de descanso únicamente para reposar, en lugar de buscar a Dios. Ésta es la razón por la que te hablé de la oración, porque si queremos renovar nuestras fuerzas, necesitamos tener un descanso integral, es decir de nuestro espíritu, alma y cuerpo. Desde un principio Dios estableció, que éste tipo de descanso lo podemos tener cuando lo buscamos. Muchos años más tarde en el evangelio de Marcos 6:31 (NVI), dice: "Y como no tenían tiempo ni para comer, pues era tanta la gente que iba y venía, Jesús les dijo: —Vengan conmigo ustedes solos a un lugar tranquilo y descansen un poco." En éste pasaje, aparecen los discípulos de Jesús. Los discípulos eran personas que conocían a Jesús, que lo seguían, que trabajaban con él. Ellos habían tenido un día largo, habían estado viajando de pueblo en pueblo para hablar de Jesucristo. Cuando regresaron con él, estaban cansados por el arduo trabajo, y entonces escucharon las palabras de Jesús: "vengan conmigo y descansen". Imagino que los discípulos no lo pensaron dos veces, simplemente le tomaron la palabra. ¿Sabes? Éstas son las mismas palabras que Jesús te dice a ti "ven conmigo y descansa". Él sabe lo pesado que puede ser en ocasiones tú día, que muchas veces por estar trabajando o estudiando, has dejado de comer o de dormir y lo más importante, él sabe que en tu vuelo de la vida el cansancio físico, espiritual y del alma es

VUELA

inevitable. Mira, él te conoce más que nadie, él te creó. Ésta es la razón por la que te hablé de la oración, porque a través de la oración puedes ir con Jesús, descansar y renovar tus fuerzas para poder continuar. Por último, te quiero dejar con éstas palabras que dijo Jesús en el evangelio según Mateo: "Vengan a mí todos ustedes que están cansados y agobiados, y yo les daré descanso. Carguen con mi yugo y aprendan de mí, pues yo soy apacible y humilde de corazón, y encontrarán descanso para su alma. Porque mi yugo es suave y mi carga es liviana."

INSPÍRATE... SUEÑA... PREPÁRATE

Toma unos segundos y como ya lo has hecho anteriormente, donde quiera que estés, simplemente habla con Dios y pídele que te dé el descanso que necesita tu espíritu, tu alma y tu cuerpo. Posiblemente hay cosas que están quitando el descanso en tu espíritu, como la incredulidad, apatía espiritual, o aun demasiadas actividades "espirituales"; a lo mejor tu alma está agotada por la cantidad de temor, culpa, o baja autoestima que hay en ella; y por último, tu cuerpo está cansado porque tienes demasiadas actividades o compromisos, estrés o carencia de sueño.

¿Qué cosas son las que están quitando el descanso de tu espíritu, alma y cuerpo?

RENUEVA TUS FUERZAS

Espíritu:
- _____
- _____
- _____

Alma:
- _____
- _____
- _____

Cuerpo:
- _____
- _____
- _____

Mi consejo es que hagas de la oración un hábito. Intencionalmente separa un tiempo, una hora y un lugar específico para que lo hagas cada día. Puede ser en tu cama, en una silla, en el parque, en un lugar público o en un lugar privado. Recuerda que los patos tienen un lugar de descanso y no lo cambian. No cambies el lugar y la hora de tu tiempo de oración, descansa en Dios y comienza a renovar tus fuerzas cada día en él.

CAPÍTULO 5

Peligro en el vuelo

En alguna ocasión, leí sobre un pato que estaba emigrando de Alaska, cuando de pronto aterrizó herido en un barco de camarones en la Costa Norte de Oregon. La tripulación estaba sorprendida de ver al pato en el barco, y movidos por la bondad, tomaron al pato y lo llevaron a un lugar seguro a la orilla del mar. Días después, mientras veía un programa de animales, mostraron a una mamá pato que, en pleno vuelo tuvo que aterrizar inmediatamente para tener a sus crías. Después de dar a luz, los puso juntos para protegerlos de los depredadores. El peligro es latente para los patos, muchos de ellos al estar en vuelo, atraviesan regiones en donde los cazadores los están esperando con sus rifles de alcance. En cualquiera de éstas historias, el pato está bajo peligro en pleno vuelo.

EL VUELO DEL TAQUERO

Todos nosotros emprendemos nuestro propio vuelo en la vida, y para adentrarnos en éste asunto, creo que no está nada mal meter la comida en el tema. Una de las cosas más comunes que una persona encuentra en México, son los puestos de tacos, hay en cada esquina. Recuerdo esa noche

PELIGRO EN EL VUELO

Como si fuera ayer, fue aproximadamente en el 2003, cuando nos habíamos reunido con un grupo de amigos, para un estudio bíblico de hogar. Al concluir la reunión, les dije a todos que fuéramos a un negocio de tacos que estaba a unos diez minutos de camino. Déjame te cuento que esos son los tacos más deliciosos que he comido en la ciudad de Monterrey, en México. Desde el momento de tomar el taco en tu mano, sientes que el reino de los cielos está llegando a ti, ésto sin dejar de lado la sensación de acercar el taco a tu boca y ver el cilantro y la salsa escurriendo…. Mejor me detengo porque no quiero darte más antojo. Te preguntarás, ¿cuál es el punto aquí? Bueno, al terminar de comer, despedí a mis amigos y el taquero se acercó para dejarme la cuenta. Al instante, lo miré a los ojos y sentí de parte de Dios preguntarle cómo estaba, pero me dio vergüenza y no lo hice. Con cada segundo el sentir se hizo más fuerte, así es que me llené de valor y en mi mente dije, lo haré. El taquero llegó con el cambio, y finalmente después de felicitarlo por los tacos le dije: "¿oiga cómo está su vida?" Inmediatamente sus ojos comenzaron a llenarse de lágrimas, señal de alarma, ya que era un hombre y en nuestra tradición y sociedad, los hombres no deben llorar. Le dije: "¿porque no se sienta unos minutos y platicamos?". El taquero les dijo a sus compañeros que se ocuparan del negocio porque hablaría conmigo. Al regresar, se sentó y le dije que no se sintiera incómodo, al contrario, debido a que no me conocía podía contarme lo que quisiera. El hombre con una voz quebrada me dijo: "según mis planes, éste era mi último día de trabajo, traté de disfrutarlo, hice mi mayor esfuerzo con cada persona y puse empeño en cada orden, porque antes de salir de casa

VUELA

el día de hoy, dejé una soga colgando del techo para ahorcarme ésta noche". Le pregunte "¿y lo quiere hacer?" Él dijo: "no, no lo quiero hacer, pero no sé qué hacer, mi esposa me engañó, se llevó a mis hijas a otra ciudad, ya han pasado meses de ésto y no lo puedo superar". Le respondí: "permítame ayudarlo, sé de alguien que puede estar con usted y darle las fuerzas para salir de ésta situación. ¿Qué le parece si me promete no hacerlo y me da la oportunidad de presentarle a esa persona?" Después de tomar tiempo para pensarlo, y de continuar hablando, me dijo: "está bien, y muchas gracias". Terminamos con una oración, en la que lloró y me agradeció. Días después nos encontramos, y después de presentarle a Jesucristo el hombre comenzó a tener una relación personal con él. Se integró a una iglesia, y su vida cambió totalmente. Éste hombre hizo a un lado la mentalidad y actitud de víctima, y salió de estar en peligro en su propio vuelo.

ENTRANDO AL PELIGRO

En el vuelo de la vida, habrá ocasiones donde te sentirás seguro, pero habrá momentos en donde estarás en peligro y serás un blanco para otros. He descubierto que en el vuelo de la vida somos heridos, ofendidos y tratados con injusticia, como le pasó a éste hombre, pero eso no es motivo para rendirse. Algunas veces te darás cuenta que, aunque no hiciste nada para recibir esa ofensa, no fuiste el causante de la última herida y no le has deseado el mal a nadie, has sido tratado injustamente por tus familiares, mejores amigos o conocidos. Tarde o temprano te darás cuenta que has sido el blanco de otros. Digo esto porque,

PELIGRO EN EL VUELO

sería muy bueno que nunca pasáramos por peligros, pero en el vuelo de la vida te enfrentarás a muchos. El profeta Isaías nos preparó al decir: "Cuando pases por las aguas, yo estaré contigo; y si por los ríos, no te anegarán. Cuando pases por el fuego, no te quemarás, ni la llama arderá en ti" (Isaías 43:2). Aunque no lo creas, atravesar por esas situaciones es necesario, ya que por medio de ellas podemos madurar. La mejor parte de ésto, es que no estarás solo, Dios estará contigo y te ayudará. Por otro lado, si no aprendes a lidiar con esas situaciones tarde o temprano adoptarás una mentalidad y actitud de víctima, vivirás angustiado y acongojado, y eso hará que te sientas atrapado y que no puedas salir de ahí. Sin darte cuenta, le darás más poder a la persona que te ofendió o hirió, y difícilmente podrás disfrutar tu presente. Si en tu vuelo, aún no has pasado por la zona de peligro, prepárate porque algún día estarás ahí.

Mientras tanto, ¡ha llegado el confession time!

> En el vuelo de la vida, habrá ocasiones donde te sentirás seguro, pero habrá momentos en donde estarás en peligro y serás un blanco para otros.

MI PROPIO VUELO

Si pudiera escoger las tres etapas en las que "estuve en más peligro" serían las siguientes:

La primera fue cuando tenía 15 años, mi pasión era el fútbol. Tan grande era mi pasión que, de niño, en lugar de

VUELA

dormir con una almohada, creo que dormía con un balón. Mi sueño era ser futbolista profesional y parte del proceso era integrarme al equipo menor de alguna institución profesional. En mi ciudad, sólo hay dos instituciones: los poderosísimos y únicos Rayados del Monterrey, mejor conocidos como la pandilla del Monterrey por su grandioso equipo y afición, y el otro equipo eran los Tigres. Creo que con mi descripción te diste cuenta a qué equipo le voy, y a cuál intenté entrar, ¿no? ¿Todavía no te das cuenta? Me inscribí para hacer pruebas, nada más y nada menos que, con los poderosísimos y únicos Rayados del Monterrey. Fui por una semana entera a pruebas físicas, colectivas y técnicas. Trabajé mucho cada día de esa semana, porque mi plan era ser parte del equipo menor, y subir poco a poco al equipo profesional. Al final del último día de la semana nos llamaron a todos lo que estábamos haciendo pruebas, y uno por uno recibimos la decisión del entrenador. Recuerdo muy bien las palabras: "David Rangel". Después de un silencio de dos segundos, que para mí se convirtieron en una eternidad, dijeron: "gracias por participar". Según yo, su decisión fue injusta, sé que no era Cristiano Ronaldo o Messi, pero tenía talento de joven. Después de salir del campo, me decepcioné mucho del fútbol, pero más de la gente. Sin saberlo, estaba adoptando un comportamiento que ponía mi vuelo en peligro.

Pasaron los años, y a la par del fútbol soccer, decidí aprender a tocar la guitarra. Para el año de 1999, ya era parte del grupo musical de la iglesia, y juntos tomamos la decisión de inscribirnos para participar en un festival de música. Nuestra motivación fue el premio, el grupo que lograra estar dentro de los primeros tres lugares grabaría su

PELIGRO EN EL VUELO

canción, y sería parte de un álbum musical que se distribuiría en todo México y parte de Estados Unidos. Ahí me tenían, todos los días ensayando para dar lo mejor de mí a la hora del festival. Llegó la hora en la que el jurado dio su decisión final, y para nuestra sorpresa ¡nuestro grupo quedó en el tercer lugar! No pasaron ni seis meses, y por primera vez estuvimos en un estudio de grabación. Uno por uno grabó su parte de la canción, finalmente llegó mi turno. Estaba emocionado y nervioso a la vez, tomé mi guitarra y comenzó la grabación. Según yo estaba quedando de lujo, pero del otro lado de la cabina, el director del proyecto y el operador decidieron traer a otro guitarrista y borrar mi participación de la canción. ¿La razón de su decisión? Mi técnica y sonido no eran claros. Había trabajado mucho para ese día, como para que ellos me sacaran. ¿Fui la victima? No lo sé, pero en ese momento así lo sentí. Me decepcioné tanto de mi talento musical, que mi vuelo estuvo en peligro otra vez.

La última etapa fue alrededor del 2000, en esos años me graduaría de Ingeniero Industrial en Administración y después me iría a Canadá, para ser pastor y vivir allá. No fue nada fácil aceptar que tenía el llamado y que no trabajaría de ingeniero. Recuerdo que, siendo miembro de la Iglesia del Nazareno en 1999, cada vez que el pastor Eduardo Vega me llamaba "pastorcillo" me molestaba y dentro de mi decía: "no soy pastor y eso no es para mí". Finalmente, cuando comprendí que sí tenía el llamado, di el primer paso y toqué puertas. Mi plan era vivir en Canadá, así es que hice planes para ir allá por más de una semana para conocer a dos líderes denominaciones del país. Llegó el día de mi entrevista con los líderes, para saber cuál de las

VUELA

dos me abriría las puertas, pero durante la entrevista todo indicaba que, debido a que sólo tenía 22 años y a que no tenía experiencia pastoral, mis esperanzas eran pocas. Su interés fue tan mínimo, que sólo quedó en una entrevista introductoria y nada más. Me confundí tanto, que pensé Dios me estaba cerrando las puertas, e indicando que el pastorado no era para mí. Regresé a Monterrey y no moví ningún dedo para considerar el pastorado. Mi vuelo ministerial estaba en grave peligro sin darme cuenta de ello.

La verdad no tenía sentido que éstas experiencias me estuvieran pasando, sin embargo, sin saberlo, cada experiencia ponía en peligro mi vuelo. Según yo, nada fue mi culpa, sino todo lo contrario, fui el blanco. Me sentí herido, ofendido y tratado con injusticia, porque "según yo", no merecía eso. En cada experiencia, lo más peligroso fue adoptar una mentalidad y actitud de víctima.

El resultado fue que cada etapa provocó una disminución en mi confianza y autoestima, y generó desconfianza hacia los demás, dos aspectos que ponen nuestro vuelo en peligro. A pesar de que Dios era parte de mi vida, olvidé las palabras de Isaías y pensé que Dios me había abandonado.

Permíteme preguntarte algo, ¿cuáles son las etapas que más han marcado tu vida? ¿Ya las dejaste atrás, o todavía siguen poniendo en peligro tu vuelo?

Ahora, las experiencias que viviremos y que pueden poner en peligro nuestro vuelo, tendrán que ver con el área social, laboral, familiar, sentimental, y aún ministerial. La clave en el vuelo es la siguiente, cuando pasemos por peligros o heridas, no tratemos de encontrar culpables, sino entendamos que todos interpretan la vida de diferente

PELIGRO EN EL VUELO

forma. No por nada existe la frase "cada cabeza es un mundo." Comprender ésta realidad te liberará en muchas ocasiones, y te pondrá en un lugar seguro. Bien, si la otra u otras personas interpretan la vida diferente a ti, actúa de acuerdo a tu interpretación de la vida. En esas ocasiones, respeta las decisiones que ellos hayan tomado y muévete hacia adelante, no te quedes estancado pensando "no me merezco eso".

Después de cada experiencia, Dios me guío a no culpar a los demás ni a mí mismo por lo que sucedió. Me llevó a aceptar que, aunque Rayados me cerró las puertas, no tenía por qué hacerme la víctima. Entonces, meses después, me inscribí a las pruebas de Tigres y ¡fui aceptado! Dios me ayudó a comprender que, esa grabación en la que no participé, no sería mi última oportunidad, por lo que me llené de valor y me inscribí en clases de guitarra. Para mi sorpresa, ¡mi maestro fue compañero musical de Carlos Santana! En menos de cuatro años llegué a participar en cuatro álbumes con Rojo Carmesí, 7 Purpura, Enoc, y en un álbum infantil. Además, me recibí del programa de Educación Musical de la Facultad de Música de la Universidad Autónoma de Nuevo León. Por último, cuando se me cerraron las puertas en Canadá, oré y le dije a Dios que estaba listo para el ministerio, pero que él abriera las puertas. Un año después, sin haber tocado las puertas, fui invitado a trabajar como director de música y evangelismo en la Iglesia Metodista Unida Casa Linda en la ciudad de Dallas, Texas. Un par de años después se abrió enormemente la puerta para iniciar mi proceso pastoral con la Conferencia Norte de Texas de la Iglesia Metodista Unida.

VUELA

A pesar de que en éstas tres etapas importantes fui la "víctima", no me quedé ahí, pero sobretodo, no dejé que mi vuelo estuviera en peligro por un largo período de tiempo. Aprendí que Dios está conmigo, que no hay motivo o excusa para que mi vuelo esté en peligro, porque si lo está, lo estoy yo, mis sueños y la gente que me rodea.

LA MENTALIDAD Y ACTITUD DE VICTIMA

Recuerdo que, en una ocasión un joven vino a mí, y me comentó que ya no asistiría a su actual iglesia. La razón era que su pastor y líderes no lo tomaban en cuenta, y que se había decepcionado de ellos. Nuevamente, no es que el pastor estuviera en contra de él, sino que el joven estaba interpretando mal la situación. Adoptar una mentalidad y actitud de víctima es peligroso, porque cuando estás en esa posición, lo único que piensas es que todos están contra ti: "mi pastor, mi familia, mis amigos, mis compañeros, Dios, y hasta mi mascota están contra mí". Lo único que puedes ver, es que lo que los otros hacen contra ti, y no te queda más que decir o escuchar la palabra, pobrecito(a). ¡WOW! esa palabra y la de "no me merezco eso" son como un red bull para una persona que tiene la mentalidad y actitud de víctima. Lo peor es que no se dan cuenta que, al hacerse la víctima se están dañando por dentro, y están limitando sus relaciones interpersonales. Por otro lado, en el vuelo de la vida vas a ser decepcionado por tu mejor amigo, cónyuge, compañera de trabajo, y hasta por tu líder o pastor, pero ese no es motivo para dejarte caer en medio del vuelo, o para adoptar una actitud de víctima. Créeme la caída duele, y lo menos que quieres después de una decepción es otro

PELIGRO EN EL VUELO

dolor. Entonces, para evitar adoptar una mentalidad y actitud de victima presta atención y practica el siguiente consejo.

CONSEJO

1) Examina; si tienes la mentalidad y actitud de víctima, el salmista dijo "Examina mis íntimos pensamientos y mi corazón" (Salmo 26:2). Dentro de tu tiempo de oración o meditación pídele a Dios que te ayude a descubrir si estás adoptando esa mentalidad y actitud.

2) No bases tu vida en lo que los otros hagan o digan; por nada del mundo caigas en éste error, si lo haces será peligroso para ti. El Salmo 118:8 dice "Es mejor refugiarse en el SEÑOR que confiar en el hombre" y el Salmo 146:3 afirma "No confiéis en príncipes, ni en hijo de hombre en quien no hay salvación".

3) Agradece; en lugar de enfocar tu vida en los demás, enfócate en contar las bendiciones que tienes. De nada sirve ver lo malo, cuando puedes ver lo bueno en todo. Lamentaciones 4:22-23 nos motiva a iniciar cada mañana agradeciendo las misericordias y bondades de Dios, porque son nuevas cada mañana. Si por alguna razón en el vuelo de la vida eres herido, ofendido, decepcionado o tratado injustamente ve al siguiente paso.

4) Perdona; la gente actúa de acuerdo a su interpretación de la vida, no lo olvides. De acuerdo con la manera de ver la vida, es como la gente actuará y en ocasiones serás el

VUELA

blanco. Sin embargo, no tienes por qué guardar rencor o coraje, más bien, es una oportunidad para aprender y perdonar. El apóstol Pablo dijo, "De modo que se toleren unos a otros y se perdonen si alguno tiene queja contra otro. Así como el Señor los perdonó, perdonen también ustedes" (Colosenses 3:13). No es necesario que vayas con la persona que te dañó y le digas te perdono, porque en ocasiones, como dijo Jesús, "no saben lo que hacen", pero si puedes orar por ellos, perdonarlos en tu corazón y dejar que Dios tome el rencor o coraje que hay en ti.

> De acuerdo con la manera de ver la vida, es como la gente actuará y en ocasiones serás el blanco.

5) Por último, no dejes de hacer el bien. A pesar de que la siguiente frase ha sido tradicionalmente atribuida a Juan Wesley, uno de los fundadores de la iglesia metodista, no hay referencia de que él la haya dicho. Aun así, provee un estándar moral sobre cómo debemos actuar: "Haz todo el bien que puedas, por todos los medios que puedas, de todas las maneras que puedas, en todos los sitios que puedas, en todas las horas que puedas, a toda la gente que puedas, durante todo el tiempo que puedas." En palabras del apóstol Pablo seria: "Asegúrense de que nadie pague mal por mal; más bien, esfuércense siempre por hacer el bien, no sólo entre ustedes sino a todos" (1 Tesalonicenses 5:15).

PELIGRO EN EL VUELO

INSPÍRATE... SUEÑA... PREPÁRATE

Como parte de tu nuevo vuelo de vida, empieza hoy con los 5 pasos mencionados anteriormente. No pases al siguiente capítulo sin haberlos realizado.

Ahora contesta las siguientes preguntas:

¿Cuál de los 5 pasos te resultó más fácil y por qué?

_____
_____
_____

¿Cuál de los 5 pasos te resultó más difícil y por qué?

_____
_____
_____

Ahora haz un espacio para orar para que si estás adoptando una mentalidad y actitud de víctima o si uno de los 5 pasos se te dificultan, Dios te ayude a mejorar. Posteriormente, toma unos momentos para proponerte emprender un nuevo vuelo sin fijarte en los demás, contando tus bendiciones y si es necesario perdonando a quienes te hieran. Sobre todo, vive cada día esforzándote en hacer el bien.

CAPÍTULO 6

No dejes de *volar*

Por lo general los patos viajan a zonas más cálidas en donde el agua no se congela, ellos buscan esos lugares para poder descansar y criar a sus pequeños. Increíblemente, la distancia que los patos vuelan puede ser de miles de millas. Incluso pueden volar de entre 5 a 8 semanas, después paran y luego continúan. Desde el momento que los patos emprenden su vuelo evitan parar de manera permanente en un lugar, hasta llegar a un destino en donde puedan crecer sus crías. Los patos no dejan de volar hasta llegar a su destino.

DEFINE TU DESTINO Y ESTRATEGIA

Intencionalmente ésta es la segunda parte del primer capítulo. Así es que pasemos más tiempo hablando de la visión, o como le llamo en este capítulo, destino. Lo primero que debemos hacer es definir nuestro destino, con ésto no me refiero a nuestro destino eterno, sino a definir a dónde quieres llegar en la vida. Quizá en dos, tres o cinco años te ves como el administrador del negocio, pasando más tiempo con tu familia, adquiriendo una casa, o a lo mejor te ves siendo alguien con más dominio propio. Si

NO DEJES DE VOLAR

crees que no hay necesidad de verte en algún lugar mejor en tu vida, o si te ves en el mismo lugar en los próximos años, entonces puedes brincarte éste capítulo, pero si llegaste al punto en que, tras haber reflexionado, ahora estás consiente de que debes esforzarte para estar en un mejor lugar, para superarte y hacer cambios que te lleven a un mejor destino, entonces abróchate el cinturón para emprender este vuelo conmigo. Iniciemos con algunas preguntas cruciales, ¿en dónde te ves a futuro? ¿En qué te quieres convertir? ¿Qué quieres lograr? ¿Cuál es el cuadro completo?–¿Quién está en él? No podemos avanzar si primero no defines tu "destino", es decir a dónde quieres llegar. Tal como lo mencione en el primer capítulo, tu destino puede ser terminar tus estudios académicos, incrementar tus ingresos, subir tu autoestima, abrir tu propio negocio, bajar o subir de peso, convertirte en un hijo(a) de Dios más consagrado, y tantos ejemplos más que pudiera darte. El punto es que sepas que tu destino es tu meta, tu sueño. Antes de continuar, si no respondiste las preguntas anteriores y no completaste el cuadro del primer capítulo deja de leer en estos momentos, y toma unos segundos para hacerlo ahora. Corre tiempo…

¿En dónde te ves a futuro?
¿En qué te quieres convertir?
¿Qué quieres lograr?
¿Cuál es el cuadro completo?–¿Quién está en él?

VUELA

ESPIRITUAL		EDUCACIONAL
Lo que quiero lograr es:		Lo que quiero lograr es:
Lo que haré será:		Lo que haré será:

FINANCIERA		LABORAL
Lo que quiero lograr es:	V I S I O N	Lo que quiero lograr es:
Lo que haré será:		Lo que haré será:

SALUD		FAMILIA
Lo que quiero lograr es:	s A Ñ O S	Lo que quiero lograr es:
Lo que haré será:		Lo que haré será:

SOCIAL/SENTIMENTAL		OTROS
Lo que quiero lograr es:		Lo que quiero lograr es:
Lo que haré será:		Lo que haré será:

Si pudiste responder las preguntas anteriores y completar el cuadro entonces ya definiste tu destino, ahora la gran pregunta es ¿cómo llego ahí?

Te parecerá increíble, pero mucha gente tiene grandes metas y emocionantes sueños, que tristemente son sólo eso. Hay personas que definieron su destino, pero se quedaron ahí, no dieron el siguiente paso. Recuerdo que era un adolescente, estaba en nuestra reunión de jóvenes

NO DEJES DE VOLAR

de los sábados y llegó la hora de la predicación. En alguna parte del mensaje el pastor invitado dijo: "jóvenes, ¿saben cuál es uno de los lugares más ricos en el planeta tierra?" No faltó el chistoso del grupo que dijo: "¡pues México pastor!" Los demás nos quedamos pensando en cuál sería el lugar más rico en la tierra, cuando el pastor invitado dijo: "es el cementerio". El pastor continuó diciendo: "tristemente, metros bajo tierra están enterradas personas que tuvieron grandes sueños, metas y aspiraciones que fueron sólo eso, y digo tuvieron porque nunca los llevaron a cabo". La Escritura dice: "Todo lo que te viniere a la mano para hacer, hazlo según tus fuerzas; porque en el Seol, a donde vas, no hay obra, ni trabajo, ni ciencia, ni sabiduría" (Eclesiastés 9:10). Pensando en lo que dijo el pastor y en las palabras de éste pasaje bíblico me pregunté, cuántas personas que están bajo tierra soñaron con ser algo en la vida, pero nunca se dieron la oportunidad de emprender el vuelo a su destino.

A partir de ese momento y hasta hace unos años, lo único que perseguí en mi vida fue definir lo que quiero alcanzar y asegurarme de lograrlo. Muchas de las cosas que me propuse las cumplí, pero me frustraba no tener una guía que me ayudara. Debido a mi carencia de información sobre el tema, me adentré en la investigación sobre cómo alcanzar mis metas. Permíteme compartirte información que te podrá ayudar, vamos a lo práctico porque no me gustaría que dejes de perseguir tus metas o sueños. Claro, ésta información no garantiza que alcanzarás tus metas o sueños, pero puede servirte como guía.

Uno de los métodos más comunes en inglés en términos de establecimiento de metas es el conocido acrónimo

VUELA

SMART creado por George T. Doran en 1981. El método es el siguiente:

- Especifico (Specific): Define un área específica que deseas mejorar. Sé lo mas concreto posible.
- Medible (Measurable): Tu meta debe ser cuantificable. El uso de números puede convertirse en ese paso y en un indicador que te dice si vas bien o no.
- Alcanzable (Attainable): Define quién lo hará, cómo lo hará y qué estrategia se usará.
- Realista (Realistic): Establece la factibilidad de las metas con base en los recursos disponibles, y la propia motivación.
- Temporal (Timely): Fija una línea de tiempo, en donde establezcas el tiempo que te tomará cumplir dicha meta.

Aún cuando éste método ha sido muy bueno, a través de los años he descubierto que carece de algunos elementos que he identificado en mi propio vuelo. Los elementos que he usado en mi propio vuelo son éstos:

- Mentalidad: Define la mentalidad con que vas a abordar tu meta o sueño. Identifica la mentalidad que tienes que vencer para alcanzar esa meta. Piensa en grande, piensa que tienes que vencer al gigante del miedo, la incredulidad y el conformismo para alcanzar tu destino.

NO DEJES DE VOLAR

- Pasión: Despierta la emoción por la meta. Cuándo piensas en alcanzar tu meta o sueño ¿qué emoción nace? Esa emoción se convertirá en la pasión que te mantendrá en el *momentum* de tu vuelo hasta que llegues a tu destino.
- Conocimiento: Invierte en crecimiento personal. Que recursos usarás para enriquecer el vuelo hacia tu destino. ¿Qué estás dispuesto a hacer en pro de tus metas o sueños? Independientemente de tu destino, es decir de tu meta o sueño, puedes leer libros, contratar un coach o buscar un guía o asistir a talleres y conferencias que te empoderen con conocimiento sobre lo que quieres lograr.
- Alineamiento: Alinea tu agenda de vida a tu destino. Déjame ilustrar éste punto con mi ejemplo. El año pasado Dios despertó en mí el deseo por escribir éste libro, ese se convirtió en mi destino. Pero el libro no se escribe solo, yo tenía que hacerlo. Alinear mi agenda con mi destino significó que, en lugar de tomar un tiempo de mis horas libres para ver TV, tuve que tomarlas para escribir éstos capítulos. En ocasiones tuve que escoger entre estar de paseo todo un día o parte del día para poder concluir un capítulo pendiente. Lo que quiero decir es que vas a tener que sacrificar un poco de tu agenda diaria para incluir tu destino en ella, si es que lo quieres alcanzar. Recuerda, no llegas a tu destino si no haces cosas que apuntan a él, y alinear tu agenda de vida a tu destino es vital para lograrlo.

VUELA

- Dios: Involucra a Dios en tu destino. Por más difícil que sea comprenderlo, los planes de Dios son mejores que los tuyos. Dios sabe en dónde estás y lo que necesitas. No involucrarlo en el vuelo hacia tu destino sería insensato. "Pon todo lo que hagas en manos del Señor, y tus planes tendrán éxito" dice Proverbios 16:3. La mejor manera de seguir moviéndote hacia delante es conectar tu destino con Dios. Ya sea que busques pasajes bíblicos sobre tu destino, que ores para buscar guianza, y que le pidas a Dios que confirme su voluntad en tu destino, o que te muestre si es meramente tu propio plan.

> No llegas a tu destino si no haces cosas que apuntan a él, y alinear tu agenda de vida a tu destino es vital para lograrlo.

Ahora que conoces el método SMART y los otros elementos que me han servido para alcanzar mi propio destino, permíteme mostrarte lo que he creado, lo llamo *Estrategia al Destino*. Esta tabla se puede convertir en tu borrador para emprender el vuelo hacia tus metas y sueños a partir del día de hoy. Pero antes de que lo intentes continúa leyendo para que sepas como ejecutarlo.

Por ejemplo, si en mi cuadro de *definiendo mi visión* mi plan en la categoría de salud fue bajar de peso 2 kilos éste mes, entonces usa la *estrategia al destino* como guía para lograrlo. Aun cuando la meta es buena llegamos a fracasar porque donde fallamos es en la ejecución. Así que lee la *Estrategia*

NO DEJES DE VOLAR

al Destino para que descubras cómo funciona. Una buena práctica es imprimir la tabla y ponerla en tu habitación, oficina o tomarle foto y mantenerla en tu celular. Tener la tabla en un lugar visible te recordará no dejar de volar hasta que llegues a tu destino.

Estrategia al destino		
Meta especifica de la visión *Bajar de peso*	Medir la meta *2 kilos*	Alcanzándola *Yo, iré al gimnasio con mi esposa cada lunes, miércoles y sábado a las 7 p.m.*
Tiempo de cumplimiento *Se cumplirá éste mes*	Mentalidad *Vencer el conformismo*	Pasión *Llenarme de determinación*
Conocimiento *Enriquecer la meta con libros sobre cuerpo saludable*	Alineable *Ver menos TV y ser menos sedentario*	Dios *Mi cuerpo es templo del Espíritu y oro para que Dios me ayude a mantenerlo saludable*

Recuerda que es una tabla por meta. Si tu en tu destino trazas bajar 2 kilos, ser gerente de un negocio y ser una mejor persona. Entonces necesitarás tres tablas, una tabla por meta. Ten en mente que estas metas vienen del cuadro de *definiendo mi visión*. No se trata de que te llenes de metas, sino de ser estratégico en lo que quieres lograr. Por lo

VUELA

tanto, escoge lo justo que puedas hacer y luego usa la tabla *estrategia al destino*. Al final te proporcionaré una tabla en blanco para que tú la llenes, mientras tanto, hablemos sobre otro punto importante en nuestro esfuerzo por llegar al destino.

NECESITAS UN SISTEMA DE APOYO

En el capítulo "Encuentra tu Parvada" hablaré sobre lo importante de tener las amistades correctas en tu vida. Bien, cuando se trata de llegar a tu destino también necesitarás personas que te motiven a llegar a él y no que te frenen con sus miedos, envidia y falta de apoyo. Sí, tienes que ser determinante en ésto, si no te van a dejar volar, entonces que abran camino. Cuando inicié mi proceso pastoral en la Conferencia Norte de Texas de la Iglesia Metodista Unida en el año 2009, una de las preguntas que tuve que contestar fue "who is your Support system?" ¿Quién está en tu sistema de apoyo? A lo largo de éste libro hablo sobre tu círculo de relaciones, la gente con la que tú convives, pero el sistema de apoyo es diferente. Éste grupo, en pocas palabras, está formado por personas que te apoyan en la vida. Cuando me hicieron ésta pregunta, para ser sincero me quedé en blanco, me di cuenta que no todos los contactos que tengo en mi teléfono o en mi cuenta de Facebook son parte de mi sistema de apoyo. Aún así, después de meditar un poco pude encontrar un grupo pequeño de gente que ha estado conmigo todos estos años. Yo sabía que era importante tener amigos, pero esa pregunta me ayudó a ser más intencional en el proceso de fortalecer mi sistema de apoyo. Ahora, no todos los que

NO DEJES DE VOLAR

estén en tu sistema de apoyo tienen que ser igual a ti, créeme cometí ese error y lo menos que quieres es que todos sean como tú, eso va ser aburrido. Lo que sí debes buscar, son cosas que te agraden y que disfrutes de cada persona que esté en tu círculo, y enfocarte en eso. Si estableces un sistema de apoyo en función a tus gustos, sí, dije tus gustos, seguramente te quedarás solo(a). Ahora, te hago la pregunta que me hicieron a mí, ¿Quién está dentro de tu sistema de apoyo? Créeme tienes que hacer tiempo para invertir en esas relaciones, nutrirlas, y estar en una posición recíproca. Todos necesitamos de alguien que nos aliente y empuje cuando estamos a punto de parar en el vuelo hacia nuestro propio destino. El sistema de soporte o apoyo te motivará a continuar firme en tu vuelo.

CONSEJO

Sobre llegar a tu destino, "todo esfuerzo tiene su recompensa, pero quedarse sólo en palabras lleva a la pobreza", es lo que dice Proverbios 14:23. Entonces no te quedes con las ganas de hacerlo, mejor inténtalo, porque sólo decirlo no es suficiente para alcanzarlo. Por más difícil que sea, cree que tarde que temprano todo lo que hagas en pro de tu destino va tener su recompensa. Sobre todo, considera incluir a Dios en tu destino a partir del momento en que estás definiéndolo,

> Tienes que hacer tiempo para invertir en esas relaciones, nutrirlas, y estar en una posición recíproca.

VUELA

porque es Dios quien puede instruirte y aconsejarte durante el proceso. "Yo te instruiré, yo te mostraré el camino que debes seguir; yo te daré consejos y velaré por ti" (Salmos 32:8). Por último, cada uno de nosotros tiene sus propios planes y anhelos. No te conformes con copiar los planes o metas de otras personas. Eres diferente y por lo tanto tus planes y anhelos también lo son. Es tan importante que no copies a otros, y que no dejes que otros impongan sobre ti lo que ellos creen que necesitas para cumplir tus planes. En 1 Samuel 17:38-39 el deseo de Saúl era vencer al gigante Goliat, pero el joven pastor de ovejas David decidió hacerlo. El rey Saúl no le permitió a David enfrentar a Goliat sin armadura, hizo que usara la suya. «Saúl vistió a David con sus ropas, puso sobre su cabeza un casco de bronce y lo cubrió con una coraza. Ciñó David la espada sobre sus vestidos y probó a andar, porque nunca había hecho la prueba. Y dijo David a Saúl: "No puedo andar con esto, pues nunca lo practiqué". Entonces David se quitó aquellas cosas». (1 Samuel 17: 38-39). La historia tiene un final feliz pues David venció al gigante con su honda y unas cuantas piedras. David cumplió su meta sin usar lo que Saúl le impuso, sino lo que él ya había definido. Aún cuando los recursos que tengas no sean los más convencionales o poderosos, si son tuyos, en manos de Dios son suficientes para que logres llegar a tu meta y destino.

NO DEJES DE VOLAR

INSPÍRATE... SUEÑA... PREPÁRATE

Toma unos minutos y responde la siguiente pregunta:

¿Qué personas forman parte de tu sistema de soporte o apoyo y cómo te hacen ser mejor persona o benefician tu vida?

- (Nombre) _____ y me hace mejor persona o beneficia porque _____

- (Nombre) _____ y me hace mejor persona o beneficia porque _____

- (Nombre) _____ y me hace mejor persona o beneficia porque _____

Reflexiona en este momento sobre aquellas cosas que te han hecho dejar el vuelo y escríbelas.

_____

_____

Ahora, ve a Dios en oración agradeciéndole por estar en tu vuelo y poner a las personas correctas y por ser un Dios que concede las peticiones de tu corazón. Después de haber orado concluye este capítulo realizando la tabla *estrategia al destino*, y a volar se ha dicho. Recuerda ¡no pares hasta llegar a tu destino!

¡Asegúrate de poner la tabla en un lugar visible o al menos escribir tus metas como recordatorio hacia dónde quieres llegar!

VUELA

Tabla Estrategia al destino		
Meta especifica de la visión:	Medir la meta:	Lo que haré para alcanzarla es:
Tiempo de cumplimiento:	Mentalidad:	Pasión:
Conocimiento:	Alineable:	Dios:

CAPÍTULO 7

¿Y si quiero dejar el vuelo?

Recuerdo que de niño vi una caricatura que me conmovió mucho, se trataba de una parvada de patos que salió de un lago con dirección a una ciudad. Todos eran amigos, jugaban y volaban juntos de un lado a otro. Cuando llegó el día de dejar el lago, todos emprendieron el vuelo, pero había un pato en particular que ya no podía, una y otra vez decía: "mejor paremos", "ya no quiero volar". Debido a la falta de atención y el cansancio, en la primera oportunidad, dejó la parvada y dejó el vuelo. ¿Alguna vez has deseado o pensado dejar el vuelo? Quizá se te ha hecho largo, pesado, y crees que no hay razón para seguir volando. Tengo buenas noticias, hay opciones que puedes intentar antes de dejar el vuelo.

RECUPERA TU INSPIRACIÓN Y NO TE RINDAS

Una de las etapas por las que atraviesas cuando emprendes el vuelo es el desánimo. Puedes iniciar muy animado, pero en alguna parte del vuelo podrías desanimarte. Siento decir esto, pero podría ocurrirte. Quizá aún no emprendes el

VUELA

vuelo hacia tu destino y ya te sientes desanimado. En cualquiera de los casos, aprende a recuperar tu inspiración, pues uno de los grandes peligros es vivir ésta vida desmotivado y sin ganas de seguir avanzando. Cada persona tiene sus propias estrategias para recuperar la inspiración, y estoy seguro que tú también las tienes, sólo que no las has puesto a prueba. Por ejemplo, ésta es la foto de mi oficina en casa. A parte de tener un escritorio, tengo un mapa que me recuerda que he sido llamado a ministrar al mundo, dos fotos de mi familia, una pequeña biblioteca de libros que selecciono cada año y lo más preciado, un altar acompañado de una cruz, la Biblia, y una copa que simboliza la copa de la Santa Cena. Todo eso me inspira a no olvidar a lo que fui llamado y a avanzar en mi vuelo.

¿Y SI QUIERO DEJAR EL VUELO?

Hay personas que ponen pequeñas notas en su habitación o escritorio con frases motivacionales o con pasajes bíblicos, otras personas hacen un collage de fotos de lugares o personas que les inspiran. En una ocasión vi a la entrada de una oficina, un pizarrón lleno de frases y pasajes bíblicos. Usa lo que creas necesario, no olvides que el punto es recuperar tu inspiración. ¿Qué te inspira? ¿Qué es lo que despierta tu emoción? ¿Qué te ayuda a no dejar de volar en el vuelo de la vida? ¿Acaso son tus hijos, tus metas, tu llamado, lugares, cosas, Dios, gente? Estar inspirado se vuelve una fuerza extra para mantenerte en el vuelo y para no rendirte aún cuando pases por peligros, por desánimo, o cuando se prolongue llegar a tu destino.

Pase lo que pase no dejes de volar, si el plan A no funciona, recuerda que el abecedario tiene más letras, así que continúa con las demás. No te rindas, porque vale más seguir en el vuelo, que darte por vencido y nunca llegar a tu destino.

> Estar inspirado se vuelve una fuerza extra para mantenerte en el vuelo y para no rendirte aún cuando pases por peligros, por desánimo, o cuando se prolongue llegar a tu destino.

SALUDABLES EN PLENO VUELO

Comer saludable, dormir bien, hacer ejercicio, tomar vitaminas, visitar al doctor, etc. Son partes importantes para mantenerte en buen estado para seguir volando. Estoy

VUELA

escribiendo éste capítulo y precisamente estoy por salir a correr a un parque cerca de mi casa. Digo ésto porque como pastores vivimos para cuidar de otros y muchas veces se nos olvida cuidar de nosotros mismos. El ministerio es muy emocionante pero también muy demandante. A diferencia de otras ocupaciones, en el pastorado no hay un horario establecido, porque cuando pensamos que llegaremos temprano a casa, una persona necesita consejería o visita.

> Estar saludable es clave para llegar a tu destino.

Aún estando en casa podemos recibir una llamada a las 11:59 p.m. o a las 6 a.m. Créeme, sé lo que es no cuidar de mí, me pasó en mis primeros años de pastorado, pero hubo alguien que dejó huella en mi ministerio por su preocupación hacia mi salud. Fue la presidenta del comité de pastor e iglesia Mary Ann White de la iglesia Casa Linda, en los años 2009-2015. Sus constantes consejos sobre ver por mi salud, por el bien mío y de aquellos que dependen de mi, hizo que empezara a hacer cambios en mi vida. Una cosa es que tu propia familia te diga que trabajas mucho y que tienes que bajarle, pero otra cosa es que un miembro(a) de tu equipo de liderazgo te lo diga. A lo mejor no eres pastor, pero otros dependen de ti y tu agenda necesita un espacio para que busques estar saludable. En el siguiente capítulo hablaremos más sobre ésto, pero déjame compartirte algo brevemente. Estar saludable es clave para llegar a tu destino. A través de los años he aprendido que, una persona que es verdaderamente saludable es aquella que ha encontrado paz y salud en su espíritu, alma y cuerpo. Con espíritu me refiero a todo aquello que nutre

¿Y SI QUIERO DEJAR EL VUELO?

nuestra parte espiritual; en el alma está toda emoción, pensamiento y sentimiento que probamos y que dejamos entrar; y el cuerpo comprende la parte material de nuestro ser. Busca llenarte de aquellas cosas que nutran tu espíritu saludablemente. Obviamente estoy hablando de cosas que agraden a Dios, pero también busca desarrollar pensamientos, emociones y sentimientos positivos y no destructivos. Por ultimo cuida tu cuerpo como lo mencioné anteriormente. Puedes tener un excelente destino, una gran tabla de *Estrategia al Destino,* pero si no estás saludable será difícil llegar y probablemente dejarás el vuelo a mitad de viaje.

DETERMINACIÓN Y DISCIPLINA EN EL VUELO

Además de considerar la salud cuando decidas volar, nunca olvides la determinación y disciplina. Emprender el vuelo no es lo difícil, sino mantenerte en él. Como lo mencioné antes, habrá ocasiones en que desearás dejar el vuelo por falta de inspiración o por un desbalance en tu espíritu, alma o cuerpo. Si la vida para ti es como un vuelo, o si tienes una visión clara de tu vuelo, tienes que saber que mantenerte en ella requerirá determinación y disciplina, de lo contrario aparecerán otras cosas que no necesariamente te ayudarán a mantenerte firme en él. La determinación es la acción de decidir con firmeza hacer algo, pese a las circunstancias

> Emprender el vuelo no es lo difícil, sino mantenerte en él.

VUELA

que se presenten. Mientras que, la disciplina es el sistema ordenado y perseverante que te lleva a lograr un fin determinado. La determinación y disciplina son muy importantes mientras nos mantenemos en el vuelo. Descubrirás que en ocasiones no tendrás ganas de incluirlas, incluso llegarás a pensar que son tus mayores enemigas, pero la verdad es que ambas son una ayuda increíble cuando sabes usarlas.

¿Quieres que entremos en el confession time o mejor me lo brinco?

Está bien, te lo contaré. Cuando Dios me llamó al pastorado en el 2008 no tuve otro deseo que iniciar el proceso hasta terminarlo. Parte del proceso era renovar mi Visa Religiosa de trabajo cada año. El primer año no fue nada difícil, pero en el 2009 hubo complicaciones. Las leyes cambiaron y ahora tenía que esperar de 6 a 7 meses en México hasta que se aprobara la petición. Regresé a Dallas a seguir ministrando a la gente de Casa Linda en el 2009, a finales de agosto, y la poca gente que tenía permaneció fiel, a pesar de no haber estado durante ese tiempo. Trabajamos duro los siguientes meses y cerramos el año con algo de crecimiento, de 7 congregantes, llegamos a 20. Llegó el 2010, trabajamos muy fuerte para crecer, y finalizamos el año con más de 30 personas. Estábamos muy contentos por lo que Dios estaba haciendo. Regresé a México para renovar mi Visa de trabajo y tuve la gran sorpresa de que tenía que esperar otra vez por la misma cantidad de meses. ¡No lo podía creer! Ni siquiera sabía cómo decirles a los miembros de la iglesia, que otra vez tendría que quedarme en México. Fueron los meses más difíciles para mí, porque no sabía si en mi

¿Y SI QUIERO DEJAR EL VUELO?

ausencia la iglesia se mantendría unida y en crecimiento, o si pasaría lo contrario. Oré y lloré mucho, pues no hay nada más duro para un pastor que dejar a sus ovejas solas y sin un plan. Finalmente, un día me levanté y desarrollé un plan de trabajo a distancia. Cada día me levanté a darle seguimiento a distancia a la gente, les dí consejería, tuve juntas virtuales, llamé a los visitantes, y motivé a los líderes. No es nada fácil tener determinación y disciplina cuando no lo sientes, pero doy gracias a Dios por ese esfuerzo. Llegó el día de regresar a Dallas y desde ahí, la determinación y la disciplina son elementos claves para mantenerme en el vuelo en todos mis proyectos. No te desmotives cuando te encuentres lejos de donde quieres estar, o cuando vez que otros llegan antes que tú. Mejor celebra que la determinación y disciplina te llevan paso a paso hacia tu destino. Si lo difícil no es emprender el vuelo, sino mantenerte en él, la determinación y la disciplina te ayudarán a moverte hacia adelante, independientemente de las circunstancias. Durante éste proceso, se fiel al sistema de hábitos que te llevará a alcanzarlo.

CONSEJO

Cuando sientas que estás a punto de dejar el vuelo, recuerda las palabras que fueron dichas a Josué: "Esfuérzate y sé valiente. No temas ni desmayes, que yo soy el Señor tu Dios, y estaré contigo por donde quiera que vayas" (Josué 1:9). Las buenas noticias son que Dios va contigo en el vuelo, así que esfuérzate en Dios y no pares hasta llegar. Pídele que te dé la inspiración, la determinación, y la disciplina para avanzar y no dejar el

VUELA

vuelo. Dios va contigo, ¡qué gran estímulo para nuestro vuelo! Por otro lado, podemos tener inspiración, determinación y disciplina, pero si nuestro ser no está sano, podemos dejar el vuelo. El apóstol Pablo habla del espíritu, el alma y el cuerpo en 1 Tesalonicenses 5:23: "Y el mismo Dios de paz os santifique por completo; y todo vuestro ser, espíritu, alma y cuerpo, sea guardado irreprensible para la venida de nuestro Señor Jesucristo". En otras palabras, cuidar de nuestro espíritu, alma y cuerpo no es algo que se hace al final de la vida, sino cada día. Por tal motivo, invertir en nuestra salud espiritual, emocional y corporal es necesario en pleno vuelo, de lo contrario, aunque no querámos, muchas veces nos veremos obligados a dejar el vuelo por una carencia de Dios en nuestro espíritu, por problemas emocionales, o por asuntos del cuerpo a los que no les dimos importancia en el pasado.

INSPÍRATE... SUEÑA... PREPÁRATE

Reflexiona ahora sobre aquellas cosas que te han hecho dejar el vuelo y escríbelas.

- _____
- _____
- _____
- _____
- _____

¿Y SI QUIERO DEJAR EL VUELO?

Después de haberlas escrito, menciona qué es lo que harás con ellas para mantenerte en el vuelo.

_____
_____
_____
_____

Ahora entrégale a Dios todo y pídele que te dé la dosis necesaria de inspiración, determinación, y disciplina para no abandonar el vuelo, sino mantenerte fiel hasta llegar a tu destino.

CAPÍTULO 8

¿De qué te

Por Kaleb Rangel

Una de las cosas que sabemos de los patos, es que su fuente de alimentación más usual son los campos de agricultura, pero también lugares como lagos y lagunas. Lo que más les gusta comer es trigo, desperdicios de maíz, avena, arroz, semillas de junco, hierba, insectos, peces, caracoles y otros. En varias ocasiones, caminando por el lago, pude ver cómo los patos buscaban de comer en las orillas del lago y entre la tierra ¿puedes imaginar la energía que necesitan para volar? Cuando los patos migran tienen que volar hasta 25 millas para encontrar desperdicios de maíz y tener algo que comer. Para este tipo de aves que migran, alimentarse cuesta, pero es necesario para su supervivencia. Los patos tienen que buscar maneras de alimentarse para continuar su vuelo.

UNA VIDA BALANCEADA

Una vida bien balanceada es aquella que se da cuando alimentamos nuestro cuerpo, alma y espíritu. Alimentarnos

¿DE QUÉ TE ALIMENTAS?

integralmente nos va costar, pero es necesario para nuestra supervivencia.

Me he dado cuenta en el tiempo que tengo como pastor que la edad no es excusa, cuando de alimentarnos se trata. He visto a jóvenes con una condición física increíble, pero con un espíritu desatendido y carente de alimento. Lo mismo con los adultos, invierten largas horas de trabajo por la falta de contentamiento en sus vidas y con el tiempo se alimentan de cosas tóxicas como la amargura, la falta de perdón y el rencor, y no buscan desintoxicarse de esas cosas, porque su enfoque es el sueño americano.

> Una vida bien balanceada es aquella que se da cuando alimentamos nuestro cuerpo, alma y espíritu.

Sin importar cuál sea tu edad, creo que es importante que consideres tu cuerpo, alma y espíritu y te preguntes, ¿realmente estoy viviendo una vida balanceada?

CUERPO

Hace algunos años mi esposa Julie, mi hijo y yo vivimos en una comunidad en la que estábamos rodeados de patos ¿te imaginas porque había patos? Imaginaste bien, teníamos un lago a pocos metros de nuestro hogar. Una noche mi hijo Ethan de 2 años de edad, insistió en ir al lago para alimentar a los patos, cosa que hacíamos a menudo por la mañana. Le expliqué que era noche y que los patos ya estaban dormidos, por supuesto que mi explicación no fue muy satisfactoria para mi hijo, así que tomé la bolsa con la

VUELA

que alimentamos a los patos, la llenamos de tortillas de maíz, y dejamos todo listo para ir al lago a la mañana siguiente, y así poder alimentar a los patos sin ningún retraso. Llegó el día siguiente y la primera palabra que mi hijo dijo al despertar fue "pato", yo no sé si esa noche mi hijo soñó con los patos, pero entendí que la experiencia de alimentar a los patos era importante para él. Nos alistamos y finalmente fuimos al lago a darle de comer a los patos.

Ésto me hizo pensar en lo siguiente, si para un niño de 2 años la experiencia de alimentar unas aves, es algo tan importante, que no hay horario para visitarlos y asegurarse que no les falta comida, ¿qué cosas no hará el Padre que está en los cielos por sus hijos que tienen necesidad de alimento? Jesús lo dice de esta manera en Mateo 6:26 NIV "Fíjense en las aves del cielo: no siembran ni cosechan ni almacenan en graneros; sin embargo, el Padre celestial las alimenta. ¿No valen ustedes mucho más que ellas?" Sabes, Dios tiene cuidado de ti y de tus necesidades, eso incluye el alimento.

Una de las cosas que están sucediendo a nivel mundial, es que las aves están sufriendo las consecuencias de comer plástico y basura, porque es lo que tienen al alcance. He visto imágenes sobre cómo terminan perdiendo la vida por ingerir esas cosas que no son buenas para ellas.

Dios provee para sus hijos e hijas, pero en muchas ocasiones nosotros terminamos como estas aves, cuando por nuestra voluntad, decidimos ingerir cosas que no son saludables para nosotros. He escuchado a muchas personas, en numerosas ocasiones decir: "el doctor me dijo que ya no tomara soda, pero como dicen, una no es ninguna", o "sólo deme una tortilla de harina, porque me

¿DE QUÉ TE ALIMENTAS?

las prohibió el doctor", y terminan comiéndose cinco. Lo cierto es que podríamos evitar muchas enfermedades si cuidáramos lo que comemos. Dios provee el alimento y nuestra tarea es decidir entre comprar algo saludable o comprar algo que podría afectar nuestra salud. Todos sabemos que el alimento es para nuestra supervivencia, pero un buen alimento es para nuestro bienestar. Entonces ¿te animarías a hacer cambios para mejorar tu alimentación? Por ejemplo, si sueles beber refresco a diario, cámbialo por agua de manera paulatina. Si eres de los que sólo come carne y muy poco o nada de vegetales, intenta comer más vegetales y frutas. Lo más importante, consulta a un(a) nutriólogo(a) para que te aconseje profesionalmente. Haz el esfuerzo por dormir lo necesario y darle a tu cuerpo el reposo físico que necesita. Entre más agotado esté el cuerpo, menos durará en el vuelo de la vida. Si bien es cierto, que el reposo es necesario para nutrir el cuerpo, también es cierto que el ejercicio es importante, lo nutre y además lo fortalece. No es necesario que vayas al gimnasio cada día por 5 horas, puedes empezar con un día a la semana. Recuerda que hacer cambios paulatinos es lo mejor para algunas personas.

ALMA

Si cuidamos nuestro cuerpo, tenemos también que cuidar el alma, pues es ahí en donde están nuestras emociones, pensamientos. Es decir, el alma es esa parte interna de nosotros que en muchas ocasiones la denominamos como nuestro corazón. Una de las cosas que me encanta hacer es ayudar personas mediante la consejería. Aún cuando cada

VUELA

ser humano es diferente en su manera de pensar, de ver la vida y de asimilar las cosas, me he dado cuenta que la mayoría de las personas han sido lastimadas emocionalmente, porque no cuidaron bien su corazón, y las consecuencias suelen ser depresión, tristeza, amargura, rencor, entre otros. Bien, dice el escritor de Proverbios en el capítulo 4:23-25 "Por sobre todas las cosas cuida tu corazón, porque de él mana la vida" ¡Es verdad! Muchos de nosotros, al menos en alguna ocasión, descuidamos nuestro corazón y ¡pum! Terminamos lastimados, sin vida y sin ganas de continuar, porque el motor físico-anímico-emocional de nuestro cuerpo ha sido dañado. Piensa en las últimas palabras que alguien te dijo y que te lastimaron ¿no es verdad que te desanimó y te "quitó vida"? Si, sus acciones o comentarios vinieron a "quitar vida" de tu alma haciéndote vivir sin ganas o sin motivación. ¿Cuántas personas no entran en una relación amorosa con el corazón por delante, sin tomar sus precauciones, y terminan dolidos, desanimados y sin ganas de vivir? ¿En cuántas ocasiones un familiar o amiga te traicionó y tu alma sufrió las consecuencias? La respuesta ya la sabes "porque del corazón mana la vida".

Con tristeza puedo decir, que he conocido personas que perdieron todo lo que tenían por no haber cuidado su corazón. Es verdad, tal vez dices, ¿pero de qué sirve que cuide mi corazón si la gente lo puede dañar sin mi consentimiento? Lo entiendo, habrá momentos en dónde no podrás tener control de lo que digan o hagan los demás, pero si puedes tener control de tus oídos, de tus ojos, y puedes cuidar tu corazón poniendo un alto a lo que no te beneficia. Si por alguna razón sales lastimado, escucha lo

¿DE QUÉ TE ALIMENTAS?

que dijo Jesús "El Espíritu del Señor está sobre mí, por cuanto me ha ungido para dar buenas nuevas a los pobres; me ha enviado a sanar a los quebrantados de corazón" Lucas 4:18.

Dios desea que tu corazón tenga vida, para que de él mane vida, y no tristeza, soledad o depresión. Esa es una de las razones que envió a Jesucristo, su Hijo, para que tú y yo podamos experimentar sanidad del corazón.

Lo mejor es que alimentes tu alma de cosas buenas, de conversaciones constructivas, de mensajes de paz, amor, esperanza y de Dios.

Te invito a que cuides tu corazón y medites en cómo está, ¿tiene mucha vida, poca vida o nada de vida? Si tu caso es el último, ora a Dios y pídele con fe, que sane tu corazón y te dé vida en el nombre de Jesús. ¡A volar con vida!

ESPÍRITU

"Soy espiritual pero no religioso" es la frase célebre de los millenials (jóvenes nacidos de 1980 hasta 2000), aclarando que no de todos. La razón de ésta frase se debe al hecho de estar desligado de cualquier asociación religiosa, más que otra cosa, pero la verdad es que nos lleva a una muy buena pregunta ¿soy espiritual? Si lo soy, ¿cómo alimento mi espíritu?

Como lo mencioné anteriormente, Dios nos creó con espíritu, alma y cuerpo. Lamentablemente, de éstos tres, el menos alimentado es el espíritu, porque cuando uno tiene hambre, su cuerpo responde inmediatamente con rugido de tripas, dolor de cabeza y hasta conozco que algunos

VUELA

tiemblan. Cuando alimentamos nuestra alma de cosas buenas, nuestro semblante lo refleja, nuestro ánimo lo demuestra; cuando no, también se nota, y nosotros mismos nos damos cuenta, porque nos sentimos vacíos. Pero, ¿qué pasa cuando nuestro espíritu no tiene alimento? ¿Alguna vez te has preguntado si tu espíritu tiene hambre o puede ser alimentado? La repuesta es si, Mateo 4:4 dice "No solo de pan vive el hombre, sino de toda palabra que sale de la boca de Dios". Al leer la Biblia, el libro en donde podemos hallar las palabras que salen de la boca de Dios, vemos que la oración, la lectura bíblica, el asistir a una iglesia y servir a otros se convierten en alimento espiritual. Éstas cosas llamadas disciplinas espirituales han sido practicadas por siglos hasta el día de hoy. Recuerdo hablar con David, en varias ocasiones, de cuando visitábamos a mi abuela materna. Una de las cosas que ella solía hacer, era orar. Incluso, cuando salíamos de viaje, detrás de mi asiento, escuchaba a alguien hablar en voz baja, era mi abuela, yo pensaba que estaba hablando sola, pero al preguntarle a mi mamá, ella decía, está orando por nuestro viaje.

Dicen los conocedores que lo recomendable para el cuerpo es tener tres comidas al día (mañana, tarde y noche), además de un refrigerio y una merienda. Te estarás preguntado qué es lo recomendable para el espíritu. Hay tantas historias acerca de personas con el hábito de orar tres veces al día y no meramente por los alimentos. A otras personas Dios les dijo que meditaran en las Escrituras de día y de noche, otros entendieron que al reunirse en una comunidad de Fe (iglesia) se fortalecería su vida espiritual. Lo siento, pero realmente no hay una receta única para

¿DE QUÉ TE ALIMENTAS?

saciar el hambre espiritual. Mi abuela no tenía, ni tiene un reloj especial que le marque la hora de alimentar su espíritu, simplemente se llena de Dios. Lo que intento decir es que siempre puedes llenarte de Dios, y si lo haces será la mejor decisión de tu vida. Talvez no sea como hablar con una persona en el drive-thru, cuando ordenas algo de comer, pero cuando le pedimos a Dios que nos sacie, créemelo, nunca nos dejará hambrientos. Búscalo, es muy sencillo, si nunca lo has hecho te invito a hacer esta oración; Dios, gracias por dar a tu hijo Jesús por mí, perdona mis faltas, házme una nueva persona, sacia mi espíritu y guíame. En el nombre de Cristo Jesús, ¡Amen!

Si tú hiciste ésta oración hace tiempo, y por alguna razón dejaste de alimentarte de Dios, simplemente regresa a él, nuca es tarde. Dios te recibirá con los brazos abiertos sin importar el motivo por el que te alejaste ¡no esperes más! Si has permanecido llenando tu espíritu de Dios, te felicito y te animo a que continúes, y no sólo eso, también te invito a que vayas a aquellos que quieren emprender su vuelo, pero que su espíritu no ha sido alimentado. Háblales de tus experiencias, invítalos a la iglesia, guíalos a Dios.

> Alimentar saludablemente nuestro cuerpo, alma y espíritu no es una opción sino una decisión.

Alimentar saludablemente nuestro cuerpo, alma y espíritu no es una opción sino una decisión. Por lo cual cada día es una oportunidad para tomar la mejor decisión. El vuelo no ha terminado y requiere que tu vida entera este saludable para continuar.

VUELA

INSPÍRATE... SUEÑA... PREPÁRATE

Antes de cerrar este último capítulo, me gustaría pedirte que tomes unos minutos para contestar las siguientes preguntas.

¿Qué parte cuido más de mí (cuerpo, alma o espíritu)? ¿Por qué?

Ejemplo: mi alma, porque si tengo buenos pensamientos me sentiré bien.

¿Qué parte cuido más de mí? ¿Por qué?

_____
_____
_____
_____

CAPÍTULO 9

Encuentra tu

Uno de los vuelos más comúnes entre los patos es el vuelo en V, éste se puede hacer con 40, 60 o hasta cientos de miembros. En éste vuelo los patos forman una especie de V, para que juntos a través de la punta de la V, puedan romper la resistencia del viento. Ésto hace que la presión sea menor en equipo. Al batir sus alas, cada ave produce una corriente en el aire que ayuda al que va detrás. Cuando la parvada vuela en V, los patos aumentan por lo menos un 71% más su capacidad de vuelo, en comparación con uno que vuela solo. Cada vez que un pato sale de la formación, siente inmediatamente la resistencia del aire y se da cuenta de la dificultad de volar solo. Por supuesto, rápidamente vuelve a la formación para beneficiarse del compañero que va adelante. Cuando el líder que va en la punta se cansa, se mueve atrás para que el que va detrás tome la delantera. De ésta manera juntos llegan a su destino. Rara vez verás, por no decir que nunca, una parvada de patos con un águila en medio. Es más común ver una parvada de la misma especie, ya sea de patos o pájaros, que ver diferentes especies mezcladas en medio del vuelo. Aún los patos saben encontrar su parvada para emprender el vuelo.

VUELA

TIEMPO DE CONECTARTE CON OTROS

Todos tenemos que encontrar nuestra parvada, es decir, esas relaciones que son importantes en tu vida, pero hablo de las relaciones sanas. En el vuelo de nuestra vida, lo menos que queremos es andar solos, aún las personas que se aíslan, tarde o temprano se encuentran con la necesidad de tener un amigo, un confidente o un grupo en quién apoyarse o con quién identificarse. No es bueno que el hombre esté solo, son las palabras que encontramos en Génesis 2:18. La palabra hombre quiere decir "humanidad" en hebreo, Dios nos hizo personas relacionales. Desde el principio, tanto el hombre como la mujer, fuimos hechos seres relacionales. En ningún momento Dios mandó a Adán al Edén y le dijo: Adán diviértete tú solo, por lo contrario, vemos que después de que Dios lo creó, le mandó a una persona en quién apoyarse, esa fue Eva. No me puedo imaginar a Adán comiendo solo, jugando solo, discutiendo con los árboles, o entablando una conversación seria con una rana. Déjame ser claro en éste punto, no estoy promoviendo que al terminar el capítulo vayas y busques tu Eva, sino que busques a esa persona o personas que necesitas en tu vida. Dios nos hizo seres relacionales y ésto significa que tenemos la capacidad de relacionarnos con otros. En donde fallamos es en nuestra mayordomía interpersonal, es decir, fallamos al no saber cómo administrar y manejar nuestras relaciones. La palabra mayordomía de acuerdo al diccionario Merriam-Webster, es la actividad o el trabajo de proteger y ser responsable por algo. En éste caso, ese

ENCUENTRA TU PARVADA

algo son las relaciones interpersonales. Todos en algún momento de nuestra vida tenemos que conectarnos con otros, es cuestión de tiempo. No puedes encontrar tu "parvada" si no haces tiempo para buscarla y nutrirla.

Actualmente vivo en los Estados Unidos, y es muy común ver a nuestra gente viniendo a este país con un objetivo, trabajar. Ese es un buen motivo, pero sin querer, es una de las grandes razones por la que la vida en los Estados Unidos es muy solitaria. Quizá tu no vives en los Estados Unidos, pero tal vez sientes que andas solo o sola por la vida. Para no vivir sin parvada tenemos que hacer tiempo, y déjame decirte algo, las cosas que valen la pena son las que forman parte de tu agenda.

Creo que es un buen momento para... ¡Confession time!

Hubo un tiempo entre el 2013 y 2015 que mi vida estuvo llena de compromisos ministeriales, personales y académicos. Hacer tiempo para algo más, según yo, era imposible.

> Dios nos hizo seres relacionales y ésto significa que tenemos la capacidad de relacionarnos con otros.

Sin darme cuenta me empecé a asilar de la gente. Mis tres amigos más cercanos en esos años fueron el escritorio, la laptop y los libros, y como no me afectaba yo pensaba que no estaba mal. Entonces descubrí que, aunque estar solo no me afectaba, no era lo correcto. Te preguntarás, ¿entonces qué pasó con tus relaciones interpersonales? Bueno lo que hice fue proponerme dar el primer paso, en otras palabras, yo me esforcé por ser el que llamara,

VUELA

invitara, o el que se incluyera en algo. Al principio te puedes frustrar por ser el único o la única que toma la iniciativa para verte con tus amigos o amigas, pero recuerda que encontrar tu parvada toma tiempo. Si andar con tu parvada vale la pena, entonces harás tiempo y será parte de tu agenda.

LA INFLUENCIA, ACTITUD Y EL EXTRA

Cuando se trata de relaciones, la influencia que ejercemos y actitud que tenemos, son cosas que nos motivarán a estar en contacto con otros. En otras palabras, la influencia y actitud pueden ser una ayuda o un problema cuando hablamos de relaciones de cualquier tipo, ya sea sociales, familiares, laborales, ministeriales, o sentimentales. Si mi influencia y actitud hacia otros es positiva, las personas me querrán con ellas, pero si mi influencia es tóxica y mi actitud negativa, las personas me querrán ver, pero lejos de ellas. De igual forma ocurre cuando se trata de relacionarnos con los demás, tú te vas a relacionar con aquellos que creas que son una influencia positiva en tu vida y cuya actitud te haga sentir cómodo, de otra manera inventarás una excusa, te darás la media vuelta y te irás de su espacio. Piensa en las personas que están en tu círculo, ¿qué tipo de influencia ejercen sobre ti y qué tipo de actitud tienen? Por otro lado, piensa en tí mismo y pregúntate lo mismo, qué tipo de influencia ejerces sobre otros y qué tipo de actitud tienes hacia los demás. Da el primer paso, no esperes a que otros lo den, y cuando lo des, considera a las personas que ejerzan una influencia positiva y cuya actitud te inspire.

ENCUENTRA TU PARVADA

A parte de la influencia y la actitud hay un tercer elemento que considero importante en mis relaciones interpersonales, el "extra". El "extra" es la virtud que distingue al otro, de la cuál tú careces, y que te hace querer conectarte con él o ella. Un ejemplo, si eres una persona que gasta dinero sin tener un presupuesto, pero uno de tus amigos es muy bueno haciendo y respetando un presupuesto, eso es el "extra". Si eres una persona que no tiende a socializar, pero tienes una amiga sociable que puede ayudarte con eso, ese es el "extra". El extra te ayuda a mejorar tu vida, a valorar a cada persona con la que te relacionas, y a disfrutar porque sabes que esa amistad mejora tu vida de una manera u otra.

Una vez más, no tienes porqué andar solo o sola, es tiempo de conectarte con otros, sólo recuerda considerar la influencia, la actitud y el extra.

NO ES BUENO QUE ESTEMOS SOLOS

"No es bueno que estemos solos" dijo Dios, pero tristemente, por traiciones que amigos o amigas nos hicieron, preferimos decir, más vale solo que mal acompañado. Algunas veces sentimos que nosotros somos los únicos que damos en la relación, pero que no recibimos nada a cambio, y no puedo pasar por alto al que está con nosotros por conveniencia. Podría seguir con una lista de personas que, por sus hechos nos lleven a tomar la decisión de quedarnos solos, pero no te dejes engañar, no eres el único a quien su mejor amigo o amiga lo defraudó, hay miles de personas más que se están preguntado si habrá un

VUELA

amigo en quién confiar. El hecho de haber tenido una experiencia no muy agradable con alguien, no significa que tienes que cerrar tu corazón y dejar de confiar. Lucha contra tu propia conciencia y pasado, y dale una oportunidad a alguien más. Lo cierto es que si Dios dijo que no es bueno que estemos solos, debió haber sido por algo. Por experiencia propia puedo decirte que no es bueno que estemos solos, porque estando solo, las pruebas se sienten más duras; los problemas nos acaban; lo que nos queda es confiar en nuestra propia capacidad, y eso es bueno, pero lo cierto es que, en muchas de las buenas decisiones que he tomado en mi vida, Dios usó personas para ayudarme a ver con más claridad cuando no sabía que decisión tomar. ¿Por qué no haces una lista de las personas que sabes que necesitas? No te enfoques en lo que no te gusta de ellas sino en lo que admiras o te agrada. Ese pequeño ejercicio te hará que pases un rato agradable cada vez que se vean. Me sucedió hace muchos años, que por ser demasiado "quisquilloso" mi círculo de amigos era muy pequeño. Luego descubrí que no todos van a hacer exactamente como uno.

No dejes que el pasado te robe la oportunidad de que, en el presente una persona se pueda convertir en tu mejor amigo(a), compañero de trabajo, confidente o hasta llegar a ser tu Adán o tu Eva. Date una oportunidad más y también dásela a los demás.

ENCUENTRA TU PARVADA

COMPAÑÍAS CORRECTAS, NUTRICIÓN CORRECTA

Una vez que decidas abrirte y relacionarte con otros, tienes que saber que el tipo de personas con las que te relaciones determinará el tipo de persona que serás y el tipo de hábitos y comportamientos que adoptarás. Si tengo una buena mayordomía interpersonal, sin buscarlo, me abriré puertas con las personas correctas y evitaré a las personas incorrectas.

En una ocasión estando en un estudio bíblico hace varios años, comencé a preguntar cuáles eran las metas para el nuevo año. Sorprendentemente, varias personas que estaban presentes respondieron que su meta era escoger las amistades e influencias correctas. Algunos somos muy responsables para administrar o proteger nuestro dinero, casa, carro, aún el celular, pero olvidamos que podemos hacer lo mismo con las relaciones interpersonales. ¡Sé responsable y protege tus relaciones! No te emociones si tu lista de amigos Facebook rebasa los 1000 amigos, más bien, define tu círculo de relaciones y ve por ellos. Si tu círculo involucra a tus padres, tus amigos, compañeros de trabajo, vecinos o miembros de tu iglesia, entonces, ¿qué estás haciendo para administrar y proteger cada relación? No les tienes que bajar el sol, la luna y las estrellas, o llevarlos al mejor restaurante de la ciudad. Simplemente usa lo que te haga sentir más cómodo o cómoda, y contáctalos. Hazles saber que son parte importante de tu vida. Si escoges las compañías correctas de entre tu familia, trabajo, escuela, o iglesia, nútrelas correctamente.

VUELA

Por otro lado, no tienes por qué sentirte culpable por hacer a un lado ciertas compañías. Tú eres responsable por tus relaciones. Recuerda que la mayordomía interpersonal es aquella que te llevará a proteger y ser responsable por el tipo de relaciones que tengas. Sé sabio al momento de elegir el tipo de personas que tendrás a tu alrededor y a quienes harás parte de tu vida. Así como en Facebook a veces remueves amigos, en la vida tenemos que ser valientes y hacer a un lado aquellas relaciones que son dañinas para nuestro vuelo.

CONSEJO

"Quien se junta con sabios, sabio se vuelve; quien se junta con necios, acaba mal" (Proverbios 13:20). Ten en mente que te convertirás en el tipo de personas con las que estás. Dios le dijo a Jeremías "que ellos se conviertan a ti y tú no a ellos" (Jeremías 15:19). Que verdad tan más clara, si te estás convirtiendo en otra persona por la influencia que los demás ejercen sobre ti, entonces considera el consejo bíblico. ¿Recuerdas lo que dije antes sobre la mayordomía interpersonal? Tenemos que ser sabios al administrar y manejar nuestras relaciones. No está mal seleccionar el tipo de persona que queremos en nuestra parvada. Sé sabio aún con las personas que dejes entrar en tu vida, pues algunas de ellas, más allá de beneficiarte te perjudican. Incluso Pablo se preocupó por éste asunto, y por eso le escribió a la comunidad de Corinto: "Las malas compañías corrompen las buenas costumbres" (1 Corintios 15:33). Medita en las diferentes maneras en las que tus relaciones interpersonales te benefician o dañan. Si una persona

ENCUENTRA TU PARVADA

verdaderamente te ama nunca te hará daño. En mis enseñanzas para jóvenes que están buscando novio o novia, les sugiero que se aseguren que la persona con quien quieren iniciar una relación, ame a Dios más que a ellos. Si una persona ama a Dios, amará también a su prójimo y no le hará daño, así sea amigo, compañero de trabajo, familiar o cónyuge.

INSPÍRATE... SUEÑA... PREPÁRATE

Toma unos segundos, y donde sea que te encuentres leyendo este capítulo, pídele a Dios que te ayude a no estar solo, dile a Dios el tipo de persona que necesitas, y entrégale tus dolorosas experiencias pasadas. Después define la lista de contactos y amigos a quienes permitirás ser parte de tu parvada y lo que harás para desarrollar esas relaciones.

En mi parvada está:
- _____
- _____
- _____
- _____

Lo que haré para nutrir estas compañías es:
_____
_____
_____
_____

VUELA

La Biblia nos da suficientes consejos sobre relaciones interpersonales, así que toma unos momentos antes de pasar al último capítulo, lee los siguientes pasajes y descubre su consejo.

Proverbios 17:17 _____
Eclesiastés 4:9-10_____
Lucas 6:31 _____
Juan 15:12-14 _____

CAPÍTULO 10

Disfruta el vuelo

En el mes de octubre del 2016 tuvimos el retiro de la iglesia, y la vista no pudo ser mejor, era a lado del lago. Al día siguiente, al levantarme en la mañana, me asomé por la ventana de una de las cabañas y mi sorpresa fue que ví a más de 20 patos adultos a lado de sus pequeñas crías. Todos llegaron a la orilla del lago para descansar y comer, pero después de unos minutos retomaron el vuelo. La imagen más bonita que me quedó grabada, fue ver patos pequeños y adultos a la misma vez. Esa imagen representó para mí la diversidad de años entre cada uno de ellos, los innumerables vuelos que los patos adultos habían hecho y los vuelos que a los patos pequeños les faltaba recorrer. Sean pequeños o adultos, los años de los patos involucran vuelos. Se sabe qué dependiendo de la especie, un pato puede vivir de dos a doce años. Sin duda, el tiempo de vida de los patos no es mucho, aún así, cuando los ves volar causan tal emoción que te detienes a verlos, o si estás acompañado de tu hijita inmediatamente le dices que los mire volar. Los patos sólo tienen hasta los doce años para disfrutar el vuelo. Me pregunto si para ellos cada vuelo es una aventura emocionante o es un vuelo más que tienen que hacer.

VUELA

CAMBIA TU ACTITUD AL VOLAR

Hablando de tiempo, nosotros también tenemos un tiempo definido para nuestro vuelo en la vida. Independientemente de los años de vida que tengamos en nuestro vuelo, el tiempo es un regalo para todos nosotros pues cada uno tenemos 1,440 minutos al día, 43,800 minutos por mes y 52,5600 minutos por año para usarlos. La pregunta es ¿has aprendido a disfrutar cada día tu vuelo?

Una vez leí un libro cuyo título me llamó la atención, lo primero que generó en mí fue hacerme meditar en mi vida, el titulo era, *Un mes de vida*. ¿Qué comenzarías a hacer diferente si tan sólo tuvieras un mes de vida? ¿Crees que harías algún cambio en la manera en que has vivido hasta el día de hoy? Recuerda, en un mes tenemos 43,800 minutos y lo menos que quisieras hacer es volar desmotivado, o emprender el vuelo cada mañana de manera rutinaria. Salmos 90:10 dice que algunos llegamos hasta los setenta años, quizás alcancemos hasta los ochenta, si las fuerzas nos acompañan. Tantos años dice el salmista y sólo traen a la persona cargas y tristezas. Es evidente que en esta vida habrá problemas, frustraciones, y presiones de todo tipo, pero yo no quisiera vivir los próximos años en estrés, odio, o frustración, cuando puedo cambiar la actitud con la que viviré esta vida. Para poder disfrutar el vuelo tienes que cambiar la actitud con la que vuelas. Hace unas semanas me encontré hablando con una amiga la cual fue a una capacitación en donde un amigo mío estaba presente. Al enterarme que ambos habían asistido a la misma capacitación, le pregunté a mi amiga si había conocido a mi otro amigo, ella respondió:

DISFRUTA EL VUELO

"sí, si lo conocí, estaba a lado mío y durante la capacitación no dejaba de quejarse, mirar el reloj, conectarse a las redes sociales y culpar a medio mundo por su situación laboral". Yo le contesté: "sí, ese es mi amigo". ¿Cómo es tu actitud en pleno vuelo? Es cierto, muchos de nosotros no tenemos el trabajo que quisiéramos, la mejor familia del planeta tierra, o la mejor iglesia del país, pero lo que sí tenemos es la responsabilidad de determinar la actitud con la que volaremos en esta vida.

> Para poder disfrutar el vuelo tienes que cambiar la actitud con la que vuelas.

De niño mamá me decía, come esta comida porque hay niños que no tienen ni un bocado que llevarse a la boca. Muchas veces lo que tenemos no es lo que nos gustaría tener, pero hay gente que ni siquiera tiene lo que tenemos nosotros. Cuando te das cuenta de esta realidad vives con una mejor actitud, disfrutando el vuelo sin importar dónde te encuentres. No te voy a decir que seas positivo o agradecido porque a lo mejor lo eres, más bien te sugiero que mejores la actitud con la que emprendes tu vuelo cada día. Si mejorar para ti significa ser más agradecido que positivo, adelante hazlo, o si mejorar significa ser más bondadoso que detallista, entonces comienza a hacerlo. El vuelo en la vida se trata de hacer cambios que nos lleven a disfrutarlo con lo que tenemos.

ACTITUD DE IMPACTO EN PLENO VUELO

¿Recuerdan que mi amiga no tuvo una muy buena impresión de la actitud de mi amigo? En la vida nuestras

VUELA

acciones y actitudes reflejan qué tanto estamos disfrutando el vuelo. Si no estás disfrutando tu vuelo, tu actitud no impactará positivamente a nadie. Llegué a un momento en mi vida, en que personalmente noté que estaba cambiando un poco en mi actitud, como lo dije anteriormente, excusas o razones para no tener una buena actitud, todos vamos a tener. En mi caso las razones fueron exceso de trabajo como pastor, una carga excesiva de exámenes y trabajos de mi Maestría de Divinidades, invitaciones a presentar estrategias de crecimiento en las iglesias, y eso sin contar el tiempo que tenía que dedicar a mi familia, a mis proyectos personales y a mis propios pasatiempos. Todo sucedió como si se hubieran puesto de acuerdo cada una de éstas cosas para llenar y saturar mi semana sin que pudiera darme abasto. Fue tanta la carga, que afectó poco a poco mi actitud. Lo crean o no, la gente nota cuando cambia tu actitud, en pleno vuelo, porque son afectados por ella. Nuestros amigos(as), familia, trabajo e iglesia necesitan personas que tengan una actitud de impacto. He descubierto que, así como uno puede cambiar su actitud para mal, uno también tiene la capacidad de cambiar para bien. Al final de mis días, sean 70 u 80 años, me gustaría que la gente hablara de mí, como una persona cuya actitud inspiró e impactó para bien.

Independientemente del tipo de vuelo que te haya tocado en esta vida, aprende a disfrutarlo y desarrolla una actitud de impacto. ¿Qué tal si en lugar de reflejar estrés, enojo, pesimismo y queja empezamos por descubrir al menos una cosa que haga que disfrutemos el vuelo cada día? Tal vez una de las razones por las que no disfrutamos

DISFRUTA EL VUELO

el vuelo es porque no hacemos lo que nos gusta o apasiona durante el día.

¿LISTOS PARA MI ÚLTIMO CONFESSION TIME?

Fue en el año 2012, cuando me dieron el nombramiento de Pastor Líder de la Iglesia Metodista Unida Casa Linda. Claro que me emocioné por el ascenso de Pastor Asociado a Pastor Líder, pero no me imaginé las nuevas responsabilidades que ese cambio traería. En fin, inicié mis primeros seis meses completamente estresado y ocupado en la parte administrativa de la iglesia. No sólo pasé mucho tiempo evaluando el estado actual de la iglesia, sino estableciendo nuevas metas y desarrollando un plan de recaudación de fondos para saldar la deuda que la iglesia tenía en aquellos años. Mi mes estaba saturado de juntas y juntas, tantas que antes de terminar el año, me encontré sin poder disfrutar mi vuelo. Para ser sincero, estaba a punto de abandonarlo todo porque sentí que ya no podía, y porque no me emocionaba seguir. Muchos de nosotros como pastores somos tan reservados, que no queremos contar lo que nos pasa, lo he visto tanto, que ya me estoy animando a escribir un libro titulado "Lo que callamos los pastores". No, no es cierto, pero en esa época

> ¿Qué tal si en lugar de reflejar estrés, enojo, pesimismo y queja empezamos por descubrir al menos una cosa que haga que disfrutemos el vuelo cada día?

VUELA

estuve muy desmotivado, hasta que en un tiempo de oración Dios me recordó mi llamado, y mi llamado fue la gente. Fue tan sencilla la experiencia, que, en medio del vuelo lleno de juntas, estrategias de recaudaciones de fondos y evaluaciones, comencé a retomar lo que había dejado cuando inicié como pastor líder y eso fue, involucrarme con la gente. A partir de ese período y hasta la fecha, me he esforzado cada semana por visitar, aconsejar y pasar tiempo con mis congregantes o con gente de la comunidad. ¡Sorpresa! Sigo teniendo la misma agenda ocupada, pero hago espacio para hacer lo que me gusta, y eso me ha llevado a disfrutar mi vuelo y a impactar a los que me rodean. Aún cuando tu agenda semanal esté muy ocupada, comienza por descubrir al menos una cosa que haga que disfrutes más el vuelo, y después hazla. Si lo que te apasiona es pintar, tocar un instrumento o escribir, y no lo has hecho, entonces hazlo y verás cómo comenzarás a disfrutar tu vuelo y tendrás una mejor actitud para impactar a otros. Una vez oí que alguien dijo "mi pasión es hacer cosas por los demás" y le pregunté, ¿cuándo fue la última vez que hiciste algo por ti? Me contestó, "ya ha pasado mucho tiempo". No puedo esperar que mis hijos(as) o amigas(os) disfruten el vuelo si yo no lo disfruto. Tampoco tiene sentido que haga todo lo posible porque otros disfruten el vuelo si yo no lo disfruto. Aprende a disfrutar el vuelo y haz que otros lo disfruten.

AÑADE CONTENTAMIENTO A TU VUELO

El apóstol Pablo dijo "No que haya pasado necesidad alguna vez, porque he aprendido a estar contento con lo

DISFRUTA EL VUELO

que tengo. Sé vivir con casi nada o con todo lo necesario. He aprendido el secreto de vivir en cualquier situación, sea con el estómago lleno o vacío, con mucho o con poco" (Filipenses 4:11-12). La palabra *contento*, en griego *autárkēs*, significa que la persona no está en función de las situaciones externas, que es autosuficiente y que está satisfecha y en balance con lo que tiene. ¡Qué gran lección nos da el apóstol Pablo sobre el contentamiento! En ocasiones no disfrutamos el vuelo porque vemos la carencia que tenemos, y nos guste o no, eso determina la actitud que adoptamos en pleno vuelo. No por nada Pablo llama a este descubrimiento: *aprender el secreto*. Para saber algo tenemos que esforzarnos por medio del estudio, la experiencia, la memorización o la práctica. En otras palabras, el contentamiento no es algo con lo que nacemos, sino algo que desarrollamos con la práctica y la experiencia de vida. Si quieres disfrutar el vuelo, en algún punto de tu vida vas a tener que añadirle contentamiento. Entonces, no necesitas tener el mejor auto, la mejor familia o el mejor trabajo para estar contento, recuerda, puedes disfrutar tu vuelo porque tu vida no está en función de las situaciones externas, y hoy has aprendido el secreto del contentamiento. Cuidado, no confundas el contentamiento con el conformismo o con la falta de superación, eso no es lo que estoy tratando de decir cuando hablo del contentamiento. Quizá has conocido personas que lo tienen todo y aún así no son felices, por otro lado, quizá has visto personas en necesidad que viven tristes. El contentamiento no significa tenerlo todo. Si no hay contentamiento cuando lo tienes todo, seguramente lo que hay es codicia o avaricia. Por otro lado, si no tienes lo que

VUELA

quieres y no hay contentamiento, lo que hay en ti es falta de gratitud. El contentamiento es estar de acuerdo en que tu vida no necesita de "algo más" para disfrutarla. Mi esposa es fan de un canal de YouTube de una pareja en donde la esposa tiene fibrosis quística, ésta produce una especie de moco grueso que afecta las vías respiratorias, no hay cura y hace que la vida de la persona sea miserable. Te has de preguntar, ¿por qué a mi esposa le gusta este canal? Porque la joven esposa, a pesar de su condición, disfruta su vida tanto, que no sólo mi esposa ha sido inspirada por ella, sino miles y miles de personas. Sin duda que ésta pareja tomada de la mano de Dios, aprendió el secreto del contentamiento, prueba de ello es que sus videos están llenos de risas y reflexiones. Una de las frases que les he escuchado decir es, "no olvides reír cada día". Cuando la escuché me recordó lo importante de reír, pues reír hace que tu vuelo sea placentero y refleja que lo estás disfrutando. Parafraseando el lema de esta pareja yo diría, "no olvides reír en pleno vuelo". Si es necesario buscar videos chistosos antes de dormir o a mitad de tu día para que sueltes una carcajada sigue mi sugerencia, te darás cuenta que eso ayuda. Estamos en ésta vida para disfrutar el vuelo, no sólo para ver cómo otros lo disfrutan.

CONSEJO

El autor de la carta a los Hebreos descubrió que sus lectores no estaban disfrutando el vuelo y escribió lo siguiente: "No amen el dinero; estén contentos con lo que tienen, pues Dios ha dicho: "Nunca te fallaré. Jamás te abandonaré" (Hebreos 13:5). Podemos caer en el error de

DISFRUTA EL VUELO

amar ciertas cosas para sentirnos plenos y para sentir que estamos disfrutando la vida, pero el consejo aquí es estar contentos con lo que tenemos. ¿Recuerdan la palabra *autárkēs*? En éste versículo significa lo mismo, contentamiento, ésto quiere decir que, tenemos que estar satisfechos y en balance con lo que tenemos, aún cuando lo que tenemos no es lo que quisiéramos, porque Dios no nos abandonará. La promesa es que podemos encontrar contentamiento cuando sabemos que Dios está con nosotros, y ésto es suficiente para disfrutar el vuelo. Prueba de ello es que al despertar nos demos cuenta que tenemos más de una razón para disfrutar el vuelo. Lamentaciones 3:22-23 dice, "Por la misericordia de Jehová no hemos sido consumidos, porque nunca decayeron sus misericordias. Nuevas son cada mañana; grande es tu fidelidad". Cuando despiertas ¿cuántas nuevas misericordias de Dios abrazas para emprender tu vuelo? Si en lugar de levantarte cada mañana pensando en lo que te falta, pensarás en las misericordias de Dios, tu día sin duda sería diferente. Ésta actitud te llevará a recordar que tienes cosas que no mereces, y que Dios en su misericordia, te las ha dado. El salmista dijo "Bendeciré a Jehová en todo tiempo; su alabanza estará de continuo en mi boca" (Salmo 34:1). Al principio decía que nuestras acciones y vocabulario reflejan qué tanto estamos disfrutando el vuelo, y espero que nos demos cuenta que cada día podemos encontrar razones para bendecir a Dios y para hablar de lo mucho que estamos disfrutando el vuelo. La vida es como la niebla dice Santiago 4:13-15, ahora estamos y mañana no sabemos. La verdad, no sé lo que me depare el mañana, pero durante los años que Dios me conceda vivir, prefiero

VUELA

disfrutar el vuelo en contentamiento e impactando cada día a los que estén a mi alrededor.

INSPÍRATE... SUEÑA... PREPÁRATE

Toma unos momentos en este último capítulo y responde las siguientes preguntas, medita en ellas y respóndelas.

- Para disfrutar el vuelo ¿qué actitud tienes que mejorar?

  _____

  _____

  _____

- Del 1 al 5, siendo el 5 excelente y 1 deficiente, ¿qué nivel de contentamiento tienes con respecto a tu vida? _____

- Si disfrutar el vuelo se trata también de impactar a otros, identifica al menos una persona a la que estés impactando y pregúntate, ¿qué es lo que creo que les impacta de mí?

  _____

  _____

  _____

DISFRUTA EL VUELO

Después de meditar en lo anterior toma unos momentos para orar y pedirle a Dios que te dé el contentamiento suficiente para disfrutar el vuelo día a día.

CONCLUSIÓN

Espero que en cada página hayas sido inspirado, alentado a soñar y preparado para emprender tu vuelo. Mi intención con este libro fue haberte compartido de mí vuelo, motivarte a emprender el tuyo e invitarte a ser parte del vuelo de Casa Linda. Si lo logré, la mejor manera de ser parte de este impacto que buscamos como iglesia, es compartiendo este libro con aquella persona que sabes que está luchando por ser inspirada, que quizá ha puesto sus sueños a un lado y que posiblemente, no se siente preparada para emprender un vuelo diferente.

El 100% de las ganancias del libro van destinadas a los ministerios de la Iglesia Metodista Unida Casa Linda y a cumplir con nuestra visión de guiar gente a Jesucristo. Para más información visita www.casalinda.org

Mientras tanto, el vuelo de la vida continúa y el final de este libro no es el fin de tu vuelo. Más bien, es la inspiración y preparación que necesitas para hacer de este vuelo uno en donde crezcas y alcances tus sueños. Dios nos dio la vida para vivirla en abundancia, y no me refiero a riquezas, sino a plenitud. Disfrutándola cada día. Recuerda, lo importante no es iniciar el vuelo sino mantenerte hasta llegar a tu destino.

CONCLUSIÓN

Si todo está listo, no esperes más... ¡vuela!

David Rangel
Pastor Líder de la Iglesia Metodista Unida Casa Linda.

El 100% de las ganancias del libro van destinadas a los ministerios de la Iglesia Metodista Unida Casa Linda y a cumplir con nuestra visión de guiar gente a Jesucristo. Para más información visita www.casalinda.org